Vorwort

Diese Darstellung des Marketings entspricht inhaltlich den einschlägigen Hochschulveranstaltungen. Sie hebt sich durch die besonders **verständliche** und **strukturierte** Darstellung in einem **handlichen Format** hervor und kann leicht in jede Vorlesung mitgenommen werden. Ideal für die effiziente, systematische **Klausurvorbereitung!** – Für Praktiker ist dieses Buch eine **präzise** Einführung, die sich auf das Wesentliche konzentriert und schnell einen sehr guten **Überblick** verschafft.

Die vorliegende 5. überarbeitete Auflage erscheint im neuen, frischen Layout und ist nun deutlich lesefreundlicher. Auch ist nun mehr Platz für Ihre Randnotizen! Bewährtes blieb erhalten, auch der Textumfang blieb unverändert.

Alle Buchtitel des **WRW-Kompaktstudiums** (▶ S. 67) und damit auch Marketing ergänzen sich und werden einheitlich nach den folgenden drei Merkmalen gestaltet:

- **Struktur und Übersichtlichkeit.** Zur besseren Strukturierung werden Aufzählungen und Nummerierungen *eingerückt* dargestellt, Beispiele zusätzlich mit einem senkrechten Streifen markiert. Oberbegriffe und Fachwörter erscheinen bei ihrer Erläuterung **fett**. Wichtige Sachverhalte sind *kursiv* und Eigennamen in Kapitälchen gesetzt. Für das Verständnis entscheidende Wörter oder Wortteile sind <u>unterstrichen</u>. – Die Terminologie in der Literatur ist leider nicht einheitlich; deswegen wird das jeweils *meistverwendete* oder *verständlichste* Fachwort benutzt. Nach der Erläuterung jedes Fachworts werden andere, ebenfalls verwendete Begriffe in Klammern aufgezählt, um dem Leser die Orientierung zu erleichtern. Bei Berührungspunkten mit den anderen Buchtiteln des WRW-Kompaktstudiums wurden *Querverweise* eingefügt.
- **Abbildungen und Tabellen.** Die verbale Darstellung wird, soweit es sinnvoll ist, durch übersichtliche Abbildungen und prägnante Tabellen zusammengefasst.
- **Beispiele und Übungsaufgaben mit Lösungen.** Viele Beispiele und deren Lösungen tragen zum besseren Verständnis bei. Zudem wurde großer Wert auf Übungsaufgaben – natürlich ebenfalls mit Lösungen – gelegt, welche die intensive Wiederholung erleichtern.

Für eine **optimale Klausurvorbereitung** schlagen wir vor:
1. Zur Vorstrukturierung Marketing bei Semesterbeginn zügig, aber ganz zu lesen; Schnelligkeit ist dabei wichtiger, als jedes Detail zu verstehen;
2. während des Semesters Marketing veranstaltungsbegleitend gründlich durchzuarbeiten und durch Randnotizen zu ergänzen; und
3. vor der Klausur Marketing zur Wiederholung nochmals zu lesen.

Nichts ist so gut, dass es nicht noch verbessert werden könnte. Was gefällt Ihnen? Was können wir Ihrer Ansicht nach noch verbessern? Schicken Sie Ihr Feedback an: **feedback@wrw-verlag.de.** Viel Spaß bei der Lektüre!

im Mai 2012   Die Autoren

D1729500

Inhaltsübersicht

1 Einführung

1.1 Das moderne Marketing-Konzept

Marketing ist die Ausrichtung von Unternehmen, Organisationen und anderen wirtschaftenden Einheiten auf Kunden und Märkte (modernes Marketingkonzept).

Durch Marketing wird ein Unternehmen (eine Organisation) systematisch mit seiner Umwelt verbunden. Dabei steht meistens das Ziel der Gewinnmaximierung im Vordergrund. Aber auch andere Ziele, wie z. b. Umsatzmaximierung, gute Versorgung bestimmter Zielgruppen oder die schnelle Verbreitung bestimmter Produkte und Dienstleistungen können Inhalt des Marketings sein. Die heutige Definition des Marketings ist in der Literatur nicht einheitlich.

Beispiele:

- Marketing heißt, das ganze Unternehmen (also auch Funktionen wie Produktion, Personalwirtschaft oder Rechnungswesen) aus einer Kundenperspektive zu betrachten (DRUCKER).

- Marketing ist ein sozialer Prozess, durch welchen Individuen und Gruppen erhalten, was sie brauchen und wollen, indem sie Produkte schaffen und mit anderen austauschen (KOTLER).

- Marketing ist die Planung, Koordination und Kontrolle aller auf die aktuellen und potentiellen Märkte ausgerichteten Unternehmensaktivitäten. Durch eine dauerhafte Befriedigung der Kundenbedürfnisse sollen die Unternehmensziele im gesamtwirtschaftlichen Güterversorgungsprozess verwirklicht werden (MEFFERT).

Nach der herrschenden Meinung ist Marketing also wesentlich mehr als Werbung oder bloße Verkaufsförderung, welche gelegentlich fälschlicherweise mit Marketing gleichgesetzt wird. Es wird zwischen strategischem Marketing und operativem Marketing unterschieden.

- **Strategisches Marketing** (▶ Kapitel 3) ist die Festlegung der grundlegenden Zielrichtungen des Unternehmens im Hinblick auf Märkte, Produkte und Wettbewerber. Dabei sollen vor allem die folgenden Fragen beantwortet werden:
  - Welche Märkte sollen bedient werden?
  - Welche Kundensegmente sollen bedient werden?
  - Mit welchen Konkurrenten ist zu rechnen?
  - Welche Produkte sollen angeboten werden?
  - Welche Trends werden unsere Märkte und Produkte beeinflussen?

- **Operatives Marketing** (▶ Kapitel 4) bezeichnet die Umsetzung der strategischen Marketing-Konzepte. Hier werden Einzelfragen der Marketing-Programme festgelegt, insbesondere im Zusammenhang mit Produkt- und Preispolitik, Kommunikation und Distribution (Logistik). Dabei werden folgende Fragen beantwortet:
  - Wie sollen die Produkte des Leistungsprogramms gestaltet werden?
  - Mit welchen Kommunikations- und Distributionsmaßnahmen werden die gesetzten Ziele optimal erreicht?
  - Welche Preispolitik soll verfolgt werden?
  - Wie soll auf eine bestimmte Marketingmaßnahme eines Konkurrenten reagiert werden?

1.2 Andere Marketing-Konzepte

Das moderne Marketing-Konzept ist aus früheren Marketing-Konzepten entstanden, die zum Teil heute noch verwendet werden. Insbesondere sind dies das Produktions-Konzept, das Produkt-Konzept, das Verkaufs-Konzept und das frühe Marketing-Konzept. Daneben wird neuerdings auch von „Lifestyle- und Event-Marketing" gesprochen.

- **Produktions-Konzept.** Bei diesem Konzept wird angenommen, dass die Abnehmer leicht verfügbare Produkte zu möglichst niedrigen Preisen bevorzugen. Das Management in produktionsorientierten Unternehmen konzentriert sich daher auf eine breite Distribution und effiziente Produktion. Die historischen Ursprünge der Produktionsorientierung liegen in der aufkommenden Massenproduktion von Gütern im neunzehnten Jahrhundert. Im Falle ungesättigter Märkte und neuer Technologie kann das Produktions-Konzept auch heute noch interessant sein.

- **Produkt-Konzept.** Hier wird davon ausgegangen, dass die Abnehmer Produkte mit überlegener Qualität bevorzugen. Das Management in produktorientierten Unternehmen konzentriert sich demzufolge auf die Produktqualität. Viele deutsche Unternehmen haben lange mit dem Leitbild überlegener Produktqualität gewirtschaftet („Made in Germany").

- **Verkaufs-Konzept.** Beim Verkaufs-Konzept wird angenommen, dass nicht niedrige Preise, umfassende Distribution oder überlegene Produkte zum Erfolg führen, sondern die stärkere Verkaufsanstrengung. Das Verkaufs-Konzept wurde zum ersten Mal gegen Ende des neunzehnten Jahrhunderts in breiterem Maße angewandt, als Vertreter von JOHN D. ROCKEFELLERS STANDARD OIL COMPANY daran gingen, neue Märkte in Übersee (z. B. China) zu erschließen, als die Heimatmärkte gesättigt schienen.

- **Frühes Marketing-Konzept.** Es wurde entwickelt, als die Märkte in den hochentwickelten Volkswirtschaften Sättigungserscheinungen zeigten. Gewisse typische Erscheinungen der modernen Industriegesellschaft zeigten sich zuerst in den USA, dann auch in anderen entwickelten Industrienationen. Größere Einkommen, ein wachsendes Güterangebot, Informationsüberflutung und verkürzte Produktlebenszyklen führten dazu, dass die Produzenten das Verhalten der Verbraucher immer systematischer untersuchten und beeinflussten. Kritiker wie der amerikanische Ökonom GALBRAITH sprachen von der *Überflussgesellschaft*. Diese zeichnet sich durch eine Überversorgung mit privaten Gütern (**Beispiele:** Autos, Kleidung, Nahrung) bei gleichzeitiger Unterversorgung mit öffentlichen Gütern (**Beispiele:** Straßen, Ausbildung, Gesundheitsversorgung) aus.

- **Lifestyle- und Event-Marketing** (LEVINSON/SCHREIBER). In der jüngsten Zeit hat sich das Marketing in vielen Fällen von der Befriedigung spezifischer Bedürfnisse gelöst und versucht, ganze Lebensstile und Lebensauffassungen oder bestimmte Ereignisse (engl. Events) zu vermarkten. So war z. B. die Werbung der Bekleidungsfirma BENETTON darauf ausgerichtet, durch die Darstellung sozial oder ökologisch schockierender Zusammenhänge ein bestimmtes Lebensgefühl anzusprechen. Die OLYMPISCHEN SPIELE 1984 in Los Angeles sind ein Beispiel für ein Event, das ein erfolgreicher Kristallisationspunkt für eine Vielzahl von Marketingmaßnahmen wurde.

Es bestehen verschiedene Ansichten über die Aufgaben des Marketings im Unternehmen. Marketing kann z. B. als eine Teilfunktion gesehen werden (▶ Abbildung 1 a). Dies entspräche dem Produktkonzept. Das Verkaufskonzept würde die Marketing-Anstrengungen in das Zentrum der betrieblichen Aktivität rücken (▶ Abbildung 1 b). In Abbildung 1 c ist der Kunde in das Zentrum gerückt, es fehlt aber eine Integrationsfunktion, welche die Bemühungen des Unternehmens im Hinblick auf Kunden und Märkte bündelt. Das moderne Marketing-Konzept sieht den Kunden im Zentrum und Marketing als die Integrationsfunktion (▶ Abbildung 1 d). Unternehmerische Planung hat sich vor allem am Markt und nicht an Produktionskapazitäten oder anderen Faktoren zu orientieren. Marketing ist das Bindeglied zwischen den Märkten und den anderen Unternehmensfunktionen.

a) Marketing als Teilfunktion   b) Marketing als zentrale Funktion

c) Der Kunde im Zentrum   d) Der Kunde im Zentrum
Marketing als Integrationsfunktion

Abbildung 1. Verschiedene Ansichten über die Funktion des Marketings im Unternehmen

1.3 Marketing-Management

Marketing-Management ist die Umsetzung des modernen Marketing-Konzepts. Für MEFFERT ist Marketing-Management (▶ Abbildung 2) die *zielorientierte Gestaltung aller marktgerichteten Unternehmensaktivitäten,* für KOTLER die *Analyse, Planung, Implementierung und Kontrolle von Programmen, welche darauf abzielen, nützliche Austauschbeziehungen mit Zielmärkten aufzubauen, auszubauen und zu erhalten.*

Das Marketing-Management hat drei Aufgabenkomplexe zu bewältigen: marktbezogene, unternehmensbezogene und gesellschaftsbezogene Aufgaben.

1. **Marktbezogene Aufgaben** sind die Erforschung und Befriedigung vorhandener Bedürfnisse sowie die Schaffung neuer Bedürfnisse.

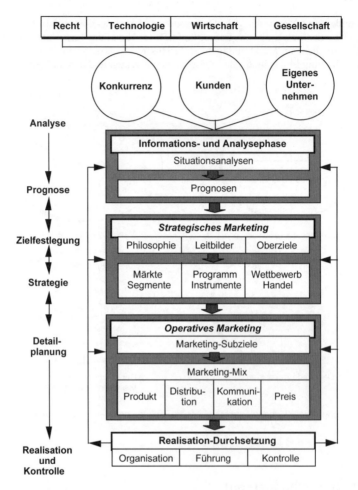

Abbildung 2. Der Marketing-Management-Prozess nach MEFFERT

2. Die **unternehmensbezogenen Aufgaben** müssen gelöst werden, wenn die marktbezogenen Aufgaben erfolgreich bewältigt werden sollen. Das Unternehmen ist im Hinblick auf die markt-bezogenen Aufgaben zu organisieren. Das Marketing-Konzept muss strategisch, organisatorisch und personalpolitisch im Unternehmen verankert werden.

3. Schon in den frühen sechziger Jahren wurde in den USA die Überflussgesellschaft kritisiert (▶ S. 6). Als Reaktion auf die gesellschaftliche Kritik am Marketing wurden dem Marketing auch **gesellschaftsbezogene Aufgaben** zugeschrieben. So erweiterte DAWSON mit seinem *Human concept of marketing* das Unternehmensziel der Gewinnmaximierung um soziale Komponenten. Das Konzept des *Makro-Marketing* schlägt vor, die einzelwirtschaftlich orientierte Gewinn- und Verlustrechnung des Unternehmens (▶ WRW-Kompaktstudium **BILANZEN,** 7. Auflage 2012,

Abschnitt 2.5; sowie WRW-Kompaktstudium **KOSTEN- UND LEISTUNGSRECHNUNG,** 9. Aufl. 2012, Abschnitt 2.4) durch eine gesamtgesellschaftliche Kosten-Nutzen-Analyse abzulösen.

Normalerweise befasst sich Marketing-Management vor allem mit markt- und unternehmensbezogenen Aufgaben. Die Einbeziehung gesellschaftsbezogener Aufgaben wird immer wieder gefordert, aber selten aktiv betrieben. Im Rahmen der markt- und unternehmensbezogenen Aufgaben spielt sich der Marketing-Managementprozess vor allem auf drei Ebenen ab – der Formulierung von Unternehmenszielen, der Formulierung von Unternehmens- und Marketingstrategien und der Ausgestaltung des Marketing-Mix (► Abbildung 3).

1. Im **Unternehmensziel** (engl. „Mission") werden der Daseinszweck und die grundlegenden Ziele des Unternehmens formuliert. Das Unternehmensziel ist relativ kurz und allgemein gehalten.

2. Die **Unternehmens- und Marketingstrategie** ist die Leitlinie zur Erreichung der Unternehmensziele in einer unsicheren und komplexen Umwelt.

3. Innerhalb dieser Unternehmens- und Marketingstrategie ist dann der Marketing-Mix zu gestalten. Der **Marketing-Mix** ist die Kombination aus den Marketinginstrumenten, die das Unternehmen zur Erreichung seiner Unternehmensziele und -strategien auf den Zielmärkten einsetzt.

Abbildung 3. Die Ebenen des Marketingprozesses

2 Märkte und Markttypen

Marketing ist die Ausrichtung des Unternehmens auf Kunden und Märkte (▶ S. 5). Ein **Markt** ist ein gedachter Ort, an dem Angebot und Nachfrage nach Gütern und Dienstleistungen aufeinandertreffen. Die auf dem Markt ausgetauschten Güter und Dienstleistungen sind *knapp,* d.h. nicht beliebig verfügbar. Weiterhin erfolgt der Austausch dieser Güter und Dienstleistungen *freiwillig.* Anbieter und Nachfrager einigen sich auf einen *Preis,* zu dem die entsprechenden Güter und Dienstleistungen vom Anbieter auf den Nachfrager übergehen.

In der Volkswirtschaftslehre, besonders in der Mikroökonomie, wird analysiert, wie sich der Preis auf Angebot und Nachfrage auswirkt und wie sich umgekehrt Angebot und Nachfrage auf den Preis auswirken (▶ WRW-Kompaktstudium **MIKROÖKONOMIK,** 4. Auflage 2011, Kapitel 4). In der betriebswirtschaftlichen Marktanalyse ist der Preis hingegen nur einer von vielen Faktoren, welche Angebot und Nachfrage beeinflussen. So werden in der betriebswirtschaftlichen Marktanalyse z.B. auch Produktqualität, Marktsegment, Marktphase sowie kulturelle und psychologische Faktoren betrachtet.

In diesem Kapitel werden verschiedene Möglichkeiten vorgestellt, Märkte zu analysieren und zu klassifizieren. In Abschnitt 2.1 erfolgt die Klassifikation nach der Anzahl der Marktakteure. Diese Betrachtungsweise wird in der Volkswirtschaftslehre angewandt. In Abschnitt 2.2 werden Märkte nach bestimmten Typen von Abnehmern und Produktarten klassifiziert. In Abschnitt 2.3 erfolgt schließlich eine Klassifikation nach Marktphasen.

2.1 Klassifikation nach Anzahl der Marktakteure

Die Klassifikation der Märkte nach der Anzahl und relativen Größe der Marktakteure (der Anbieter und Nachfrager) ermöglicht eine grundlegende Einteilung von Märkten. Abbildung 4 gibt das klassische **Marktformenschema** nach EUCKEN und VON STACKELBERG wieder (▶ **MIKROÖKONO-MIK,** 4. Auflage 2011, Abschnitt 4.1).

Nachfrager \ Anbieter	ein großer	wenige mittelgroße	viele kleine
ein großer	bilaterales Monopol	beschränktes Monopson	Monopson
wenige mittelgroße	beschränktes Monopol	bilaterales Oligopol	Oligopson
viele kleine	Monopol	Oligopol	Polypol

Abbildung 4. Marktformenschema nach EUCKEN und VON STACKELBERG

Diese Einteilung ermöglicht eine Analyse der Spielregeln und Verhaltensformen für Märkte, auf denen dann weitergehende Analysen aufbauen können. In den folgenden Abschnitten werden die vier wichtigsten Marktformen des Schemas – Polypol, Monopol, Monopson und Oligopol – kurz vorgestellt. Daneben existiert eine Reihe von Mischformen, die sich leicht aus dem allgemeinen Schema ableiten lassen.

2.1.1 Polypol

Ein **Polypol** ist ein Markt, bei dem viele kleine Anbieter auf viele kleine Nachfrager treffen. Das Polypol kommt damit der idealtypischen Form der **vollkommenen Konkurrenz** am nächsten. In der Marktsituation der vollkommenen Konkurrenz bilden sich die Marktpreise automatisch. Anbieter oder Nachfrager können aufgrund ihrer großen Zahl keine Preisabsprachen treffen oder solche Preisabsprachen durchsetzen. Sie werden sich solange über- und unterbieten, bis ein Gleichgewichtspreis erreicht ist. ADAM SMITH sprach von einer *unsichtbaren Hand,* die das Geschehen am Markt lenke. Sobald der Gleichgewichtspreis erreicht ist, müssen die einzelnen Marktteilnehmer den Preis als Datum (lateinisch: „gegeben") hinnehmen.

Kostengünstigere Produktionsverfahren wirken sich schnell auf die Marktpreise aus. Mit billigeren Produktionsverfahren können Produzenten zusätzliche Gewinne erzielen, wenn sie ihr Angebot ausdehnen. Bei steigendem Angebot müssen sich die Produzenten gegenseitig unterbieten, um ihre Güter abzusetzen. Dadurch sinken die Preise solange, bis die Marktpreise wieder den Produktionskosten der Produzenten entsprechen. Vollkommene Konkurrenz wird in der Volkswirtschaftslehre oft vorausgesetzt; dennoch ist sie für die Märkte, mit denen sich der Marketing-Fachmann beschäftigt, eine Ausnahme.

Beispiele: Auf dem Marktplatz oder an einer Wertpapierbörse sind die Bedingungen der vollkommenen Konkurrenz am ehesten erfüllt. Hier treffen viele Anbieter und Nachfrager aufeinander und die Preise sind für alle ersichtlich. Aber auch hier gibt es oft Marktunvollkommenheiten, welche die vollkommene Konkurrenz außer Kraft setzen, so z. B. Insider-Informationen an der Börse.

Außer der vollkommenen Konkurrenz kann beim Polypol auch **monopolistische Konkurrenz** vorliegen. Bei der monopolistischen Konkurrenz ist jeder Anbieter in einem kleinen Marktsegment besonders stark und hat hier einen gewissen Handlungsspielraum. Innerhalb dieses Spielraums ist der Marktpreis kein Datum und der Anbieter kann durch aktive Preispolitik höhere Gewinne erzielen. Sobald der einzelne Anbieter aber seinen engen Handlungsspielraum verlässt, sieht er sich der vollkommenen Konkurrenz ausgesetzt.

Beispiel: Der Dorfbäcker und der Dorfmetzger befinden sich in einem Umfeld der monopolistischen Konkurrenz. Beide Anbieter können höhere Preise fordern, weil es für die Dorfbewohner mühsam wäre, ins nächste Dorf zu fahren. Wenn die Preise aber zu hoch sind, werden die Kunden abwandern. Sowohl die modernen Verkehrsmittel als auch die Möglichkeiten der Aufbewahrung von Lebensmitteln (Gefriertruhe, Kühlschrank) haben den Handlungsspielraum des Dorfbäckers oder des Dorfmetzgers erheblich eingeschränkt.

2.1.2 Monopol

Eine andere wichtige Marktform ist das Monopol. Beim **Monopol** steht ein einzelner großer Anbieter vielen kleinen Nachfragern gegenüber. Der Anbieter *(Monopolist)* verfügt über *Marktmacht,* mit der er die Reaktionen der Nachfrager steuern kann. Der Monopolist kann entweder den Preis oder die Angebotsmenge festsetzen und tut dies so, dass sein Gewinn maximiert wird. Bei der Preisfestsetzung reagieren die Nachfrager mittels der gekauften Menge und passen sich durch diese Mengenreaktion dem gesetzten Preis an; bei der Mengenfestsetzung ist dies umgekehrt.

Beispiel: JOHN D. ROCKEFELLER überzeugte im neunzehnten Jahrhundert mehrere Ölfirmen, sich zusammenzuschließen, um den Ölmarkt besser zu kontrollieren. Bald begann die aus diesem Zusammenschluss hervorgegangene STANDARD OIL COMPANY, die Preise zu diktieren. Wenn kleinere Firmen mit niedrigeren Preisen in bestimmte Teilmärkte eindringen wollten, setzte die STANDARD OIL COMPANY in diesen Teilmärkten einfach solange die Preise herunter, bis die kleinen Anbieter ruiniert waren. Dies konnte sich STANDARD OIL leisten, weil die Monopolgewinne in anderen Bereichen die Verluste aus diesem *Verdrängungswettbewerb* mehr als ausglichen.

2.1.3 Monopson

Beim **Monopson** steht ein großer Nachfrager vielen kleinen Anbietern gegenüber. Das Monopson ist somit ein „umgekehrtes Monopol".

Beispiele: Die amerikanische UNITED FRUIT COMPANY war lange Zeit nahezu der einzige große Abnehmer für die Früchte einiger zentralamerikanischer Staaten. Sie hatte ein Monopson und konnte Preise und Bedingungen diktieren. VOLKSWAGEN ist bei weitem der größte Abnehmer von Industriearbeit in Wolfsburg und besitzt damit fast die Position eines Monopsons auf dem Arbeitsmarkt dieser Stadt.

2.1.4 Oligopol

Ein **Oligopol** ist ein Markt, bei dem mehrere große oder mittelgroße Anbieter in Konkurrenz treten und viele kleine oder auch mehrere große oder mittelgroße Nachfrager versorgen. Die Anbieter, in manchen Fällen auch die Nachfrager, verfügen alle über eine gewisse Marktmacht. Für den Marketing-Fachmann sind Oligopole neben der monopolistischen Konkurrenz die eigentlich spannenden Märkte. Während sich bei der vollkommenen Konkurrenz, dem Monopol und dem Monopson die Marktreaktionen und Prozesse relativ gut vorhersehen lassen, ist dies beim Oligopol oder bei der monopolistischen Konkurrenz nicht möglich. Weder die Aktionen noch die Reaktionen einzelner Marktteilnehmer sind vorhersehbar; normalerweise existieren mehrere plausible Handlungsalternativen. Die Marktteilnehmer befinden sich in einem Prozess der *strategischen Interaktion,* welcher mit dem Instrumentarium der *Spieltheorie* analysiert werden kann.

Beispiel: Die meisten Märkte, die in der Realität vorkommen, sind oligopolistisch oder weisen monopolistische Konkurrenz auf. Selbst in der Landwirtschaft, in der viele kleine Anbieter existieren, bildeten sich im Laufe der Zeit Oligopole heraus. Im neunzehnten Jahrhundert war der Agrarsektor durch polypolistische Strukturen gekennzeichnet. Im Zuge des industriellen und gesellschaftlichen Wandels boten aber zunehmend größere Handelsketten und Handelshäuser landwirtschaftliche Produkte an – die Landwirte sahen sich Monopsonen und Oligopsonen gegenüber. Die Marktmacht verschob sich von den Produzenten zu den Händlern. Diesem Trend versuchten die Landwirte wiederum durch die Bildung von Produktionsgenossenschaften zu begegnen.

2.2 Klassifikation nach Abnehmertyp und Produktart

Neben der Betrachtung der Marktformen ist auch eine Klassifikation von Märkten nach Abnehmertypen und Produktarten sinnvoll. In diesem Abschnitt werden Konsumgütermärkte, Investitionsgütermärkte, Dienstleistungsmärkte und sonstige Märkte vorgestellt.

2.2.1 Konsumgütermärkte

Auf den **Konsumgütermärkten** wird das Konsumbedürfnis der privaten Haushalte befriedigt. Der Konsum hat einen Anteil von ca. 80–90 % am Bruttoinlandsprodukt. Konsumgütermärkte haben somit für das Marketing besondere Bedeutung; es ist kein Zufall, dass zuerst in diesem Bereich vom „Marketing" gesprochen wurde. Man unterscheidet **langlebige Konsumgüter** (Waschmaschine, privat genutztes Auto) und **kurzlebige Konsumgüter** (Haarshampoo, Nahrungsmittel).

Normalerweise existiert auf Konsumgütermärkten eine polypolistische Nachfragestruktur. Es ist wichtig, die Bedürfnisse und Bedarfe der Konsumenten zu erkunden, um die einzelnen Marktsegmente zu kennen und möglichst gut bedienen zu können. (Ein **Marktsegment** ist ein abgrenzbarer Markt, der sich durch spezifische Bedürfnisstrukturen oder andere Faktoren deutlich von anderen Marktsegmenten unterscheidet.) Kennt der Marketing-Fachmann die Präferenzen der einzelnen Marktsegmente, kann er den Marketing-Mix segmentspezifisch gestalten. Die Segmentierung kann anhand des Endverbrauchers, anhand des Kaufverhaltens und anhand des abgedeckten Bedürfnisses erfolgen.

2.2.1.1 Segmentierung anhand des Endverbrauchers

Die Segmentierung anhand des Endverbrauchers kann mit demographischen oder psychographischen Kriterien erfolgen.

- **Demographische Segmentierung.** Früher wurde bei der Analyse des Verhaltens von Konsumenten häufig anhand demographischer Kriterien wie z. B. Einkommen, Beruf, Geschlecht und Alter segmentiert.

  Beispiel: demographische Segmentierung in Hausfrauen, Pensionäre, Angestellte mit höherem Einkommen, Jugendliche usw.

- **Psychographische Segmentierung.** Heute wird oft anhand von Lebensstilen und psychologischen Grundhaltungen segmentiert.

  Beispiele: In einer empirischen Untersuchung wurden 1973 die damals 22,55 Mio. Haushaltsvorstände der damaligen Bundesrepublik klassifiziert (▶ Abbildung 5). Für die USA hat MITCHELL neun Lebensstile identifiziert (▶ Abbildung 6).

Marktsegment (Konsumentengruppe)	Anzahl	Anteil
abwägende Verbraucher	9,08 Mio.	40%
preisbewusste Probierer	4,51 Mio.	20%
Konsum-Abstinente	2,83 Mio.	13%
spontane Kauffreudige	2,32 Mio.	10%
Prestige-Käufer	1,92 Mio.	9%
suggestible Konsum-Fans	1,89 Mio.	8%
	22,55 Mio.	**100%**

Abbildung 5. Klassifizierung der deutschen Haushaltsvorstände nach Konsumverhalten (1973)

Marktsegment	Eigenschaften	Anteil
Survivors	Benachteiligte Personen, verzweifelt, deprimiert oder zurückgezogen.	4%
Sustainers	Benachteiligte Personen, die intensiv darum kämpfen, der Armut zu entkommen und sozial weiterzukommen.	7%
Belongers	Konventionell, konservativ, nostalgisch und nicht experimentierfreudig. Passen sich lieber an als aufzufallen.	33%
Emulators	Ehrgeizig, aufstiegs- und statusbewusst, wollen Karriere machen.	10%
Achievers	Führungskräfte der Nation, bewegen Dinge, arbeiten mit dem System und genießen das Leben.	23%
„I-am-me"-Typ	Normalerweise jüngere Personen, mit sich selbst beschäftigt, launenhaftes Verhalten.	5%
Experimentals	Suche nach erfülltem Gefühlsleben und nach dem, was das Leben zu bieten hat.	7%
Socially conscious	Hohes Sozialbewusstsein, Drang nach Verbesserung der Gesellschaft.	9%
Integrateds	Hoher Grad psychologischer Reife, Balance zwischen Außen- und Innengerichtetheit.	2%
		100%

Abbildung 6. Psychographische Segmentierung des US-Marktes

2.2.1.2 Segmentierung anhand des Kaufverhaltens

Eine weitere Klassifizierung der Konsumgütermärkte ist anhand des Kaufverhaltens möglich. MEFFERT teilt das Kaufverhalten in Rationalverhalten, Gewohnheitsverhalten, Impulsverhalten und sozial abhängiges Verhalten ein:

1. **Rationalverhalten** ist der bewusste und überlegte Einsatz von Mitteln zur Erreichung von Zielen bei optimaler Verwendung von Informationen. Alternativen werden rational abgewogen.

2. Beim **Gewohnheitsverhalten** verzichtet der Käufer auf die bewusste Bewertung von Alternativen. Er folgt einem erlernten oder gewohnten „Programm".

3. Beim **Impulsverhalten** folgt der Käufer spontanen Eingebungen des Augenblicks.

4. Beim **sozial abhängigen Verhalten** lässt sich der Käufer von Normen seiner Umwelt leiten.

ASSAEL schlägt eine Klassifizierung in Gewohnheitsverhalten, Rationalverhalten und Dissonanz-reduzierendes Verhalten vor. Diese erfolgt anhand der Involvierung des Käufers und der Unterschiede zwischen den einzelnen Produkten (► Abbildung 7).

1. **Gewohnheitsverhalten** liegt bei geringer emotionaler Involvierung des Käufers und bei geringen Unterschieden zwischen Marken vor, z.B. beim Kauf von Waschmitteln. Hier wird schnell eine Entscheidung getroffen.

2. Das **Rationalverhalten** wird dann besonders ausgeprägt sein, wenn der Käufer stark involviert ist und die Unterschiede zwischen den Marken und Produkten groß sind, z.B. beim Kauf eines neuen Autos. Hier versucht der Käufer, möglichst viele Informationen zu erhalten und den Kauf genau zu überdenken.

3. **Dissonanz-reduzierendes Verhalten** kommt bei hoher Involvierung des Käufers und geringen Unterschieden bei den Produkten vor. Der Käufer wird sich über Produkte informieren, aber relativ schnell kaufen. Unterschiede zwischen den einzelnen Marken und Produkten lassen sich kaum feststellen, obwohl der Kauf eine wichtige und riskante Investition darstellt. Sollten später Informationen auftauchen, welche die Kaufentscheidung in Frage stellen, so wird der Käufer alles tun, um diese Informationen zu verdrängen – denn die Entscheidung ist bereits gefallen.

> **Beispiel:** Dissonanz-reduzierendes Verhalten kann bei vielen Menschen bei der Wahl des Hausarztes festgestellt werden. Hat man erst einmal eine Entscheidung getroffen, rechtfertigt man häufig die Wahl im Nachhinein, selbst wenn Zweifel an der Fähigkeit des Arztes auftreten. Allerdings nimmt gerade bei der Wahl des Arztes auch das Rationalverhalten zu.

4. **Abwechslung-suchendes Verhalten** tritt auf, wenn die Involvierung gering ist und die Kaufentscheidung relativ leicht fällt, auf der anderen Seite aber die Unterschiede zwischen den Produkten beträchtlich sind. Der Käufer probiert aus, denn eine Fehlentscheidung lässt sich leicht korrigieren (z.B. Weinbrand).

	Hohe Involvierung	Geringe Involvierung
signifikante Unterschiede zwischen den Marken	komplexes Kaufverhalten	Abwechslung-suchendes Verhalten
keine signifikanten Unterschiede zwischen den Marken	Dissonanz-reduzierendes Verhalten	Gewohnheits-verhalten

Abbildung 7. Klassifizierung des Kaufverhaltens nach ASSAEL

Eine weitere Einteilung von Konsumgütern ist diejenige in Convenience goods, Specialty goods und Shopping goods (► Abbildung 8).

1. **Convenience goods** (Bequemlichkeitsgüter) sind billige Artikel des täglichen Bedarfs (**Beispiele:** Grundnahrungsmittel, Duschgel). Hier ist keine aufwendige Kaufentscheidung nötig.

2. Für **Specialty goods** (spezielle oder besondere Güter) ist in der Regel eine aufwendigere Kaufentscheidung notwendig (**Beispiele:** Wohnungen, Automobil).

3. **Shopping goods** liegen in der Mitte zwischen beiden Extremen (**Beispiel:** Kleidung).

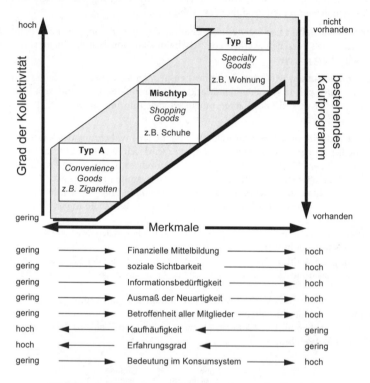

Abbildung 8. Gütertypen und Kaufentscheidungen des Haushalts

2.2.1.3 Segmentierung anhand der Bedürfnisstruktur

Die Psychologie hat die Motivationsstruktur des Individuums – die elementaren Antriebskräfte für individuelle Handlungen – intensiv untersucht. Bekannt und für das Konsumgütermarketing wichtig ist die **Bedürfnispyramide** nach MASLOW, welcher zwischen physiologischen Bedürfnissen, Sicherheitsbedürfnissen, sozialen Bedürfnissen, Bedürfnissen nach Wertschätzung und Status sowie dem Bedürfnis nach Selbstverwirklichung unterscheidet (▶ Abbildung 9).

1. Zuerst befriedigt ein Konsument seine *physiologischen Bedürfnisse* (**Beispiele:** Nahrungsmittel, Kleidung, Unterkunft).

2. Erst dann kann er seine *Sicherheitsbedürfnisse* befriedigen (**Beispiele:** Vorratshaltung von Nahrungsmitteln, Alterssicherung).

3. Wenn die persönliche Sicherheit gewährleistet ist, wird der Konsument auch verstärkt *soziale Bedürfnisse* nach der Zugehörigkeit zu und Akzeptanz in bestimmten Gruppen geltend machen.

4. Auf der nächsten Ebene sind die Bedürfnisse nach *Wertschätzung* und *Status* zu finden.

5. Wenn alle vorhergehenden Bedürfnisse befriedigt wurden, kommt schließlich das Bedürfnis nach *Selbstverwirklichung* zum Tragen.

Abbildung 9. Bedürfnispyramide nach MASLOW

Viele Marketing-Maßnahmen und -Programme haben auf der Bedürfnispyramide von MASLOW aufgebaut. Es wurde erkannt, dass es in der modernen Industriegesellschaft wesentlich wichtiger ist, die Bedürfnisse der oberen Ebenen zu befriedigen als die (sowieso schon befriedigten) Elementarbedürfnisse.

Neben Bedürfnissen sind auch Wahrnehmung, Lernverhalten und individuelle Einstellungen wichtige Determinanten des Kaufverhaltens. **Einstellungen** sind bestimmte Erwartungshaltungen und Vorurteile, welche vom Individuum entwickelt werden, um mit der komplexen Realität besser umgehen zu können und die vielfältigen Eindrücke des Tages zu filtern. Einstellungen kanalisieren und filtern also die Wahrnehmung. Sie entstehen durch einen Lernprozess.

2.2.2 Investitionsgütermärkte

Das Marketing hat sich zunächst im Bereich der Konsumgüter entwickelt. Bald wurde aber erkannt, dass auch Investitionsgüter mit modernen Marketing-Methoden vertrieben werden müssen. Wenn Unternehmen und Organisationen als Kunden auftreten, sind sie genauso Gegenstand des modernen Marketings wie Individuen und Haushalte.

In Investitionsgütermärkten ist nicht mehr die Einzelperson Entscheidungsträger, sondern es treffen Organisationen aufeinander. Organisationen entstehen aus dem Bedürfnis nach strukturierten und reproduzierbaren („geregelten") zwischenmenschlichen Transaktionen; diese werden durch Hierarchien ermöglicht. Demzufolge ist auch das Element der Planung und Planbarkeit bei betrieblichen Beschaffungsprozessen stärker ausgeprägt als bei individuellen Kaufentscheidungen. Unternehmen treffen normalerweise keine Einzelentscheidungen. Sie versuchen, Beziehungen zu anderen Unternehmen aufzubauen und im Rahmen dieser Beziehungen eine Vielzahl von Kauf- und Absatzprozessen abzuwickeln.

Einige Charakteristika von Investitionsgütermärkten unterscheiden sich deutlich von den entsprechenden Charakteristika bei Konsumgütermärkten:

1. **Weniger Käufer.** In Investitionsgütermärkten ist die Anzahl der Käufer wesentlich geringer. Das Schicksal eines Automobilzulieferers wird z. B. von wenigen (oder einem) großen Automobilproduzenten bestimmt.

2. **Größere Käufer.** Selbst wenn mehrere Unternehmen als Nachfrager auftreten, konzentriert sich die Nachfrage oft auf wenige große Unternehmen.

3. **Geographische Konzentration der Unternehmen.** Die deutsche Bankenbranche ist z. B. zu einem Großteil im Raum Frankfurt/Main angesiedelt, die Elektronikindustrie im Raum München.

4. **Abgeleitete Nachfrage.** Die Nachfrage nach Investitionsgütern ist keine direkte Nachfrage, sondern von der Nachfrage nach Konsumgütern abgeleitet.

5. Dies führt zum sogenannten **Beschleunigungsprinzip** (Akzelerationsprinzip). Eine Veränderung der Nachfrage nach Konsumgütern kann sich über die verschiedenen Vorstufen der Produktion verstärken und zu einer über- oder unterproportionalen Veränderung der Nachfrage in den vorgelagerten Produktionsstufen führen. So kann ein Anstieg der Konsumgüternachfrage um 10 % einen Anstieg der Nachfrage nach Investitionsgütern der betreffenden Branche um 200 % nach sich ziehen.

6. **Unelastische Nachfrage.** Die Nachfrage nach Investitionsgütern reagiert nur schwach auf Preisänderungen. Selten werden Baufirmen sich mehr Bagger anschaffen, nur weil der Preis von Baggern gesunken ist. Die Nachfrage nach Maschinen ist kurzfristig unelastisch, weil die Unternehmen ihre Produktionsmethoden nur langsam umstellen können.

7. **Professionelle Kaufentscheidung.** Investitionsgüter werden von professionellen Einkäufern beschafft, die ihre Arbeitskraft für diese Aufgabe einsetzen. Es geht schließlich um viel Geld. Die rationale Komponente ist beim Kauf sehr wichtig, aber auch die persönliche Betreuung von Einkäufern kann die Entscheidung positiv beeinflussen.

Beim Kauf von Investitionsgütern sind drei Situationen zu unterscheiden: die neue Aufgabe, der Wiederholungskauf und der modifizierte Wiederholungskauf (▶ Abbildung 10).

1. **Neue Aufgabe.** Wenn ein Käufer ein Produkt zum ersten Mal kauft, ist der Aufwand, der betrieben wird, um eine Kaufentscheidung zu fällen, besonders hoch. In dieser Situation haben neue Anbieter die besten Chancen.

2. **Wiederholungskauf.** Beim Wiederholungskauf wird Nachschub durch ein Routineprogramm bezogen. Ein Beispiel ist der Listenkauf von Büromaterial. Der Wert des bezogenen Materials ist normalerweise gering – das Unternehmen schätzt die Vorteile eines bekannten und zuverlässigen Bezugsprogramms größer ein als die Vorteile leicht verbesserter Produkte oder einen etwas besseren Preis. Hier ist es für einen außenstehenden Zulieferer sehr schwer, einen Liefervertrag zu bekommen.

3. **Modifizierter Wiederholungskauf.** Beim modifizierten Wiederholungskauf möchte der Käufer einige Spezifikationen seines Produktes verändern. Diese Veränderung bewirkt einen größeren Aufwand bei der Kaufentscheidung als beim Wiederholungskauf, aber einen geringeren Aufwand als bei einer neuen Aufgabe.

Kaufsituation Kaufphase	Neue Aufgabe	Modifizierter Wiederholungskauf	Wiederholungskauf
1. Problemerkennung	ja	vielleicht	nein
2. Bedürfnisbeschreibung	ja	vielleicht	nein
3. Produktspezifikation	ja	ja	ja
4. Lieferantensuche	ja	vielleicht	nein
5. Vorschlagseinholung	ja	vielleicht	nein
6. Lieferantenauswahl	ja	vielleicht	nein
7. Bestellprozessspezifikation	ja	vielleicht	nein
8. Controlling	ja	ja	ja

Abbildung 10. Kaufphasen und Kaufsituationen beim Kauf von Investitionsgütern

Für das erfolgreiche Investitionsgütermarketing ist es besonders wichtig, die Strukturen von Organisationen zu kennen. Dazu gehören nicht nur die im Organigramm dargestellten offiziellen Strukturen, sondern auch die inoffiziellen Strukturen, welche in fast jedem Unternehmen eine bedeutende Rolle spielen. Nicht nur die Einkäufer reden bei einer Kaufentscheidung mit. Die folgenden fünf Typen sind für die Kaufentscheidung einer Organisation wichtig:

1. **Endnutzer** sind die Mitglieder einer Organisation, welche das Produkt benutzen werden. Sie machen oft den Kaufvorschlag und helfen, die Anforderungen für das Produkt zu definieren.

2. **Beeinflusser** spezifizieren die Produkteigenschaften und stellen wichtige Informationen zur Produktbewertung bereit. Technisches Personal gehört oft zu dieser Kategorie.

3. **Einkäufer** sind Personen, welche die formale Autorität haben, den Lieferanten zu bestimmen und die Einkaufskonditionen festzulegen. Manchmal helfen sie auch, Produktanforderungen festzulegen, aber oft beschränken sie sich darauf, Lieferanten auszuwählen und mit diesen über die Konditionen zu verhandeln.

4. **Entscheider** sind diejenigen Personen, welche die formale und informelle Macht in einer Organisation besitzen, Kaufentscheidungen gutzuheißen. Bei Routineentscheidungen sind Entscheider und Einkäufer oft eine Person. Bei sehr wichtigen Kaufentscheidungen reden häufig Vertreter der obersten Hierarchieebenen einer Organisation mit. Zu den obersten Führungskräften kann man als Verkäufer aber unter Umständen schlecht Kontakt aufnehmen. Dann kann es wichtig sein, die Personen herauszufinden, welche die Informationen für diese Entscheider vorbereiten.

5. **Torhüter** sind diejenigen Personen, welche den Informationsfluss in einer Organisation kontrollieren. Es kann z.B. vorkommen, dass ein „Torhüter" nicht zulässt, dass ein Vertriebsmitarbeiter mit den Endnutzern spricht, weil er meint, dass damit Interna des Unternehmens preisgegeben werden.

2.2.3 Dienstleistungsmärkte

Eine **Dienstleistung** ist jede einem anderen angebotene Tätigkeit oder Leistung, die im wesentlichen immaterieller Natur ist und keine direkten Besitz- oder Eigentumsveränderungen mit sich bringt. Die Leistungserbringung kann, muss jedoch nicht mit einem materiellen Produkt verbunden sein. **Beispiele:** Haarschnitt, Abendessen im Restaurant, Pauschalreise, Fitness-Studio, Vertretung durch einen Rechtsanwalt.

In der postindustriellen Gesellschaft nehmen Dienstleistungen einen immer größeren Raum der ökonomischen Aktivität ein – in Deutschland 71,2 % des Bruttoinlandsproduktes (Stand 2010). Dienstleistungsmärkte sind durch vier Faktoren gekennzeichnet:

1. **Immaterialität.** Dienstleistungen sind nicht materiell greifbar. Der Anbieter muss für die immaterielle Dienstleistung materielle Ausdrucksformen finden, um seine potentiellen Kunden zu überzeugen. Eine Bank, die sich besonders bei der Verwaltung von Guthaben vermögender Privatkunden profilieren will, muss sich überlegen, wie sie diese Leistung zum Ausdruck bringen kann. So kann sie z. B. ihre Büroräume besonders attraktiv gestalten und besonders Wert auf das Wissen und die Umgangsformen ihrer Mitarbeiter legen.

2. **Enger zeitlicher, räumlicher und personeller Transaktionsverbund.** Die Dienstleistung ist immer eng an eine bestimmte Zeit, eine bestimmte Person (Personengruppe) und einen bestimmten Ort gekoppelt. Wenn ich um neun Uhr einen Haarschnitt in Hamburg wünsche, nützt es mir nichts, wenn in München viele Friseursalons Plätze frei haben.

3. **Fehlende Lagerfähigkeit.** Weil Dienstleistungen immateriell sind und ein enger zeitlicher, räumlicher und personeller Transaktionsverbund besteht, können diese nicht gelagert, d. h. nicht auf Vorrat produziert werden. Produktion und Konsum fallen zusammen.

4. **Hohe Schwankungsbreite der Ausführung.** Dienstleistungen unterliegen normalerweise einer hohen Schwankungsbreite der Ausführung, da sie davon abhängen, wer sie wann und wo erbringt. Ein Konzert von ANNE-SOPHIE MUTTER ist wahrscheinlich besser als die Vorstellung desselben Violinstücks durch einen widerwilligen Musikschüler.

Diese vier Faktoren bedingen, dass die erfolgreiche Vermarktung von Dienstleistungen durch Großunternehmen sehr schwierig ist. Was der einzelne Starkoch im Nobelrestaurant selbst bestimmt, muss in einer Kette von Gaststätten zum System erhoben werden. Die hohe Schwankungsbreite der Qualität und die Gebundenheit an bestimmte Personen, Orte und Zeiten machen ein erfolgreiches Qualitätsmanagement besonders wichtig. Die besten Dienstleistungsunternehmen zeichnen sich durch die folgenden Eigenschaften aus:

- **Strategisches Konzept.** Die guten Dienstleistungsunternehmen haben eine sehr genaue Vorstellung von ihrem Zielmarkt und eine extrem hohe Sensibilität für die spezifischen Bedürfnisse der Kunden, welche sie zufriedenstellen wollen.

- **Überlegene Kommunikation.** Die guten Dienstleistungsunternehmen wissen genau, wie sie ihr Konzept an Kunden und Mitarbeiter (interne Kunden) vermitteln und kommunizieren.

- **Langfristige Verpflichtung zur Qualität und zur Leistung.** Gute Dienstleistungsunternehmen fühlen sich langfristig der Qualität und Leistung verpflichtet. Eine Verringerung des Aufwands könnte zwar kurzfristig die Gewinne erhöhen, solange das Unternehmen noch von seinem Ruf zehrt. Sie würde aber langfristig zum Niedergang des Unternehmens führen, da die Qualität die wichtigste Eigenschaft einer Dienstleistung ist.

- **Ausgebaute Leistungskontrollsysteme.** Gerade für immaterielle Dienstleistungen ist ein funktionierendes Leistungskontrollsystem besonders wichtig. Dazu gehört auch, dass Kundenbeschwerden willkommen sind und dass Kunden, die einen berechtigten Anlass zur Beschwerde hatten, systematisch entlohnt werden.

- **Hohe Mitarbeiter- und Kundenzufriedenheit.** Weil Dienstleistungen räumlich, personell und zeitlich begrenzt sind und die Produktion mit dem Konsum zusammenfällt, ist eine hohe Mitarbeiter- und Kundenzufriedenheit wichtig. Nur zufriedene Mitarbeiter können die erforderliche Freundlichkeit und Kompetenz aufbringen, welche auf Dauer im Dienstleistungsvertrieb gefordert ist. Zufriedene Kunden werden die angebotene Dienstleistung völlig anders aufnehmen als unzufriedene Kunden.

2.2.4 Sonstige Märkte

Neben Konsumgütermärkten, Investitionsgütermärkten und Dienstleistungsmärkten sind auch andere Märkte für das Marketing bedeutsam, von denen hier Rohstoffmärkte, Wertpapierbörsen und der öffentliche Sektor kurz vorgestellt werden sollen.

- **Rohstoffmärkte** und **Wertpapierbörsen** sind diejenigen Märkte, welche der vollkommenen Konkurrenz am nächsten kommen. Hier wird eine Kaufentscheidung nach einem Vergleich mehrerer Angebote gefällt, die alle vorliegen; der Preis ist besonders wichtig. Gerade deswegen sind sie für Marketing-Überlegungen nicht besonders wichtig. Wichtig wird das Dienstleistungsmarketing für diejenigen, welche an Börsen tätig sind; sie müssen potentielle Kapitalgeber davon überzeugen, dass sie das Börsengeschäft beherrschen.

- Der **öffentliche Sektor** ist ein weiterer bedeutender Markt. In den meisten europäischen Ländern wird immerhin rund die Hälfte des Bruttoinlandsproduktes durch die öffentliche Hand umverteilt. Da die öffentliche Hand sich vor parlamentarischen Kontrollgremien zu verantworten hat, aber nicht das Ziel der Gewinnmaximierung verfolgt, ist der Beschaffungsprozess oft stark bürokratisiert und formalisiert. Parallel dazu sind aber auch gute Beziehungen besonders wichtig, weil der Preiswettbewerb weniger stark ist.

2.3 Klassifikation nach Marktphase

Produkte und Märkte haben eine bestimmte Lebensdauer. Innerhalb dieser Lebensspanne durchlaufen Produkte und Märkte bestimmte Phasen, die alle spezifische Herausforderungen an das Marketing-Management stellen. Diese Abfolge von Phasen heißt **Produktlebenszyklus.** In allen Phasen des Produktlebenszyklus sind verschiedene Kommunikations-, Produktions-, Finanzierungs- und Personalstrategien notwendig. Lebenszyklen lassen sich bei Produktkategorien, Produkten und Marken feststellen.

- **Produktkategorien** (Produktgruppen) leben normalerweise ziemlich lange, weil sich in der Produktgruppe einzelne Produkte unterschiedlichen Alters befinden. Die Produktkategorien Eisenbahn, Tageszeitungen und Tabakwaren befinden sich in der Niedergangsphase; die Kategorien Fernreisen und Smartphones in der Wachstumsphase.

- **Produkte** haben einen kürzeren Lebenszyklus. Ende 2007 begann mit Einführung der ersten EEE PC-Serie von ASUS ein Netbook-Boom. Doch bereits 2011, nach Erscheinen von Tablet-Computern wie dem IPAD von APPLE (2010), ging der Absatz von Netbooks schon wieder zurück.

- Einzelne **Marken** haben die geringste Lebensdauer, die oft nur wenige Jahre lang ist. Aber es gibt auch Ausnahmen: So haben z.B. COCA-COLA oder PERSIL seit vielen Jahrzehnten einen hohen Bekanntheitsgrad und einen hohen Marktanteil.

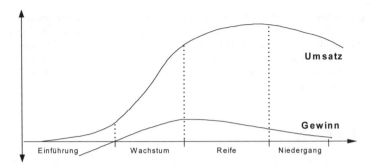

Abbildung 11. Umsatz, Gewinn und der Produktlebenszyklus

Bei der **Lebenszyklusanalyse** zwischen Einführungsphase, Wachstumsphase, Reifephase und Niedergangsphase unterschieden (▸ Abbildung 11). Dem kann sich eine Relaunchphase anschließen. Im folgenden wird das Lebenszykluskonzept für Produkte vorgestellt.

1. **Einführungsphase.** Die Verkäufe wachsen langsam, weil das Produkt dem Markt erst vorgestellt werden muss. Die hohen Kosten für die Produkteinführung und -promotion verhindern, dass Gewinne erzielt werden. Die Unsicherheit über den Markterfolg ist hoch; auch wird einige Zeit benötigt, um Pannen und Verzögerungen auszubügeln. Die Wettbewerbsintensität ist noch relativ gering. Der Großteil aller neuen Produkte überlebt diese Phase aufgrund fehlender Marktakzeptanz oder organisatorischer Mängel im Unternehmen nicht. Die Einführungsphase wird auch *Kristallisierungsphase* genannt. Der latente Bedarf beginnt, sich in einem konkreten Markt zu kristallisieren. Von den Strategien der ersten Anbieter hängt es ab, welcher Markt sich herausbilden wird. Je nach Preis- und Werbeaufwand spricht man von Abschöpfungs- oder Marktdurchdringungsstrategien. In Abbildung 12 sind vier mögliche Kombination von Preis und Werbeaufwand dargestellt.

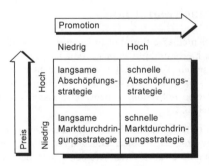

Abbildung 12. Vier Produkteinführungsstrategien

2. **Wachstumsphase.** Die Kunden beginnen, das Produkt zu akzeptieren. Bei anhaltend hohen Ausgaben für Kommunikation und Promotion steigen Umsätze und Gewinne stark. Das schnelle Marktwachstum zieht Wettbewerber an. Im Optimismus des Wachstums kommt es zum Aufbau von Überkapazitäten. Unternehmen können in der Wachstumsphase ihre Produkte verbes-

sern, neue Marktsegmente und Distributionskanäle erschließen und die Preise vorsichtig senken. Die Werbeausgaben werden mehr und mehr dazu benutzt, Loyalität aufzubauen, statt bloße Bekanntheit zu erzielen. Besonders bei großen Unternehmen ist auch die Einführung eines Konkurrenzproduktes im eigenen Hause u. U. sinnvoll, um bestimmte Marktnischen abzudecken, welche durch das Hauptprodukt nicht gut erreicht werden.

3. **Reifephase.** Die Umsätze stabilisieren sich oder gehen sogar leicht zurück, weil das Marktpotential ausgeschöpft ist. Die Reifephase wird auch *Phase der Marktfragmentation* genannt, weil sich jetzt verschiedene Marktsegmente und Teilmärkte deutlich ausprägen. Die Reifephase ist normalerweise die längste Marktphase, so dass sich viele bekannte Produkte in dieser Phase befinden. Die Reifephase birgt beträchtliche Herausforderungen. Die in der Wachstumsphase aufgebaute Überkapazität macht sich jetzt voll bemerkbar. Verdrängungswettbewerb setzt ein. Kostensenkung wird zunehmend wichtiger. Die Anbieter experimentieren auch mit einem breiten Spektrum von Marketing-Instrumenten, um die Produktloyalität zu erhöhen und neue Umsatzquellen zu erschließen. Da die Marktdurchdringung schon hoch ist, versucht man, das Marktvolumen durch ein höheres Umsatzvolumen je Kunde zu vergrößern. Es wird versucht, Kunden von Wettbewerbern zu gewinnen und neue Marktsegmente zu erschließen. Das Produkt wird häufig modifiziert.

4. **Niedergangsphase** (Phase der Marktauflösung). Die Umsätze und Gewinne gehen zurück. Viele Unternehmen verlassen den Markt; andere versuchen, die Kosten zu reduzieren. Die Entscheidung, ein Produkt aus dem Markt zu nehmen, ist nicht einfach. Oft hängt die Identität des Unternehmens an diesem Produkt. Hat sich nicht VOLKSWAGEN selbst verändert, als die Produktion des KÄFERS eingestellt wurde?

In der Niedergangsphase hofft das Management häufig, dass sich die schwache Nachfrage nach dem Produkt wiederbelebt. Dies erweist sich jedoch oft als Wunschdenken. Die Identifizierung der schwachen Produkte ist daher eine zentrale Aufgabe für jedes Unternehmen. Jedes einzelne Produkt sollte regelmäßig evaluiert und je nach Ergebnis der Evaluation zurückgezogen oder mit einer veränderten bzw. unveränderten Strategie weiter angeboten werden.

8. **Relaunch** (Rekonsolidierungsphase). Zeichnet sich die Niedergangsphase ab, kann ein Relaunch des Produktes erwogen werden. Zu diesem Zweck wird das Produkt erheblich modifiziert und neu positioniert. Davon erhofft man sich, dass das Produkt einen weiteren Lebenszyklus durchlebt. Einer der erfolgreichsten Relaunches in der Geschichte der deutschen Automobilindustrie ist z. B. die Umstellung vom ersten GOLF auf den GOLF II gewesen.

Die Analyse des **Adoptionsprozesses** (der Aufnahme des Produktes durch die Kunden) und die Einteilung eines Marktes in bestimmte Klassen von Adoptern hängt eng mit dem Lebenszykluskonzept zusammen. Der Adoptionsprozess wird davon bestimmt, welche Gruppen wann ein Produkt übernehmen. Man unterscheidet verschiedene Klassen von Adoptern: Innovatoren, Frühadopter, die frühen Mehrheit, die späte Mehrheit und Nachzügler (► Abbildung 13).

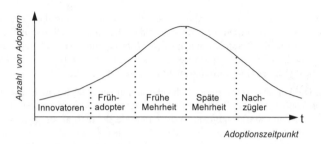

Abbildung 13. Klassen von Adoptern auf der Grundlage relativer Übernahmezeitpunkte von Innovationen

EVERETT ermittelte in einer Untersuchung folgende Anteile der einzelnen Gruppen: Innovatoren 2,5 %, Frühadopter 13,5 %, frühe Mehrheit 35 %, späte Mehrheit 35 % und Nachzügler 16 %. Jede Gruppe von Adoptern hat ein bestimmtes Profil, welches es herauszufinden und zu nutzen gilt.

- Die **Innovatoren** sind durchaus zu riskanten Produktkäufen bereit, sie reizt besonders das neue, moderne und unkonventionelle Produkt.

- Die **Frühadopter** sind sehr prestigebewusst. Sie übernehmen neue Produkte relativ früh, aber erst, wenn sich abzeichnet, dass sich diese Produkte etablieren werden. Damit reduzieren sie ihr Risiko, können aber gleichzeitig als modern gelten. Oft sind Produkte in dieser Phase noch recht teuer und stellen etwas Besonderes dar, so dass auch das Prestigebedürfnis der Frühadopter befriedigt wird. **Beispiel:** Käufer von kompakten Digitalkameras um 1999; sie kosteten damals noch mehr als umgerechnet 500 € bei einer Auflösung von einem Megapixel.

- Mitglieder der **frühen Mehrheit** übernehmen Produkte eher als die späte Mehrheit, aber erst dann, wenn sich das Produkt auch für den Massenmarkt etabliert hat. Dann ist normalerweise der Preis erschwinglicher und das Risiko gering.

- Mitglieder der **späten Mehrheit** sind eher skeptisch und haben ein großes Sicherheitsbedürfnis. Sie wollen ganz sicher gehen, dass sich ein Produkt durchgesetzt hat.

- **Nachzügler** sind sehr traditionsgelenkt, normalerweise sozial nicht sehr offen und übernehmen Produkte erst sehr spät, weil sie in ihrer eigenen, sehr traditionellen Welt leben. **Beispiel:** Auch heute noch gibt es Benutzer herkömmlicher Kleinbild-Fotoapparate; meist sind es Senioren.

3 Strategisches Marketing

Das **strategische Marketing** beschäftigt sich mit der Festlegung des Unternehmensziels (Abschnitt 3.1) sowie der Unternehmens- und Marketingstrategie (Abschnitt 3.2). Die Marktsegmentierung (Abschnitt 3.3) ist wichtig, um die Geschäftsfelder eines Unternehmens festlegen zu können und darauf aufbauend die operativen Marketing-Instrumente optimal einsetzen zu können.

3.1 Unternehmensziel

Das **Unternehmensziel** (englisch: Mission) sollte die fundamentalen Fragen des Unternehmens beantworten und den Daseinszweck für dieses Unternehmen liefern. Was ist unser Geschäft? Wer sind unsere Kunden? Wie wird sich unser Geschäft entwickeln? Wie *sollte* sich unser Geschäft entwickeln?

Beispiel: BRITISH TELECOM beschreibt die eigene Mission so: „Unser Ziel ist es, Telekommunikationsprodukte und Dienstleistungen der Weltklasse bereitzustellen und unsere Netze in Großbritannien und Übersee zu nutzen, damit wir die Anforderungen unserer Kunden erfüllen, das Wachstum des Unternehmens fördern, Gewinne für unsere Aktionäre erzielen sowie einen Beitrag zu den Ländern und Gemeinden, in denen wir unser Geschäft betreiben, leisten können."

Das Unternehmensziel wird hauptsächlich von fünf Faktoren geprägt: Unternehmensgeschichte, Einstellungen des Top-Managements, Umfeld, Ressourcen und spezifischen Kompetenzen des Unternehmens.

1. **Unternehmensgeschichte.** Die Geschichte eines Unternehmens bestimmt dessen Gegenwart zu einem großen Teil. So würde z. B. die KATHOLISCHE KIRCHE – eine Organisation mit sehr umfangreichen wirtschaftlichen Aktivitäten – wohl kaum in den Glücksspielmarkt eintreten.

2. **Einstellungen des Top-Managements.** Das Top-Management nimmt erheblichen Einfluss auf das Unternehmensziel. Obwohl das Ziel stark durch die Geschichte des betreffenden Unternehmens festgelegt ist, muss das Top-Management periodisch überprüfen, ob das Unternehmensziel noch zeitgemäß ist und gegebenenfalls Veränderungen einleiten.

3. **Umfeld.** Das Unternehmensumfeld ist ein weiterer wichtiger Einflussfaktor. Die alten deutschen Stahlkonzerne KRUPP und THYSSEN hatten unter billigen Stahlimporten und einer sinkenden Nachfrage zu leiden: Ihre Kernmärkte waren unattraktiv geworden. Nach der Fusion zur THYSSENKRUPP AG sah man sich als Hochtechnologiekonzern, der technologisch hochwertige Problemlösungen bereitstellt. Damit sollten neue Märkte erschlossen werden.

4. **Unternehmensressourcen.** Die Unternehmensressourcen legen die Bandbreite für die Zieldefinition fest. So würde es z. B. wenig Sinn für eine lokale Sparkasse machen, in das internationale Investmentbanking einzusteigen.

5. **Spezifische Kompetenzen** sind wichtige unternehmensspezifische Faktoren, welche nicht immer mit der Größe und Ressourcenausstattung zusammenhängen. Die genannte Sparkasse

mag z. B. das besondere Vertrauen ihrer Kunden genießen. Solche spezifischen Kompetenzen sollten im Unternehmensziel aufgegriffen werden.

Eine wichtige Aufgabe für das Management besteht darin, die Geschäftsfelder eines Unternehmens zu erkennen und zu definieren. Dies kann anhand verschiedener Kriterien geschehen. Naheliegend ist die Definition anhand bestimmter Produkte. Besser ist allerdings eine marktorientierte Definition, welche sich an den Bedürfnissen von Kunden orientiert (► Abbildung 14).

Unternehmen	Produktorientierte Geschäftsfelddefin.	Marktorientierte Geschäftsfelddefinition
REVLON	wir produzieren Kosmetik	wir verkaufen Hoffnung
COLUMBIA PICTURES	wir machen Filme	wir erfüllen ein Bedürfnis nach Unterhaltung
DEUTSCHE BAHN	wir betreiben ein Eisenbahnnetz	wir transportieren Menschen und Güter
XEROX	wir stellen Kopierer her	wir erhöhen die Büroproduktivität

Abbildung 14. Produktorientierte versus marktorientierte Geschäftsfelddefinition

Beispiel: HENRY FORD sah als erster das Massenbedürfnis nach billigem Individualtransport und führte eine neue, kostensparende Produktionsmethode für die Automobilproduktion ein: das Fließband. Er produzierte nur ein Modell, das MODEL T, und dies auch nur in einer Farbe, schwarz. Der Erfolg seiner Strategie gab ihm recht – FORD dominierte schnell den Automobilmarkt. Allerdings hielt FORD auch an seiner Strategie fest, als sich die Bedürfnisse der Kunden zu wandeln begannen. Das erste Bedürfnis nach billigem Individualtransport wurde im Laufe der Zeit befriedigt und die Kunden suchten nun nach mehr Prestige oder einem Automobil, das ihre Persönlichkeit ausdrückte (MASLOWsche Bedürfnisse nach Prestige und Selbstverwirklichung, ► S. 16 f.). Ford produzierte aber weiterhin nur ein Modell in einer Farbe. Damit war aus seiner zunächst marktorientierten Geschäftsfelddefinition unversehens eine produktorientierte Geschäftsfelddefinition geworden.

GENERAL MOTORS erkannte den neuen Trend und baute eine diversifizierte Produktlinie auf. In kurzer Zeit hatte sie höhere Verkaufszahlen als FORD, so dass FORD in finanzielle Bedrängnis geriet. Erst nachdem auch FORD zu einer Mehrproduktpolitik überging, erholte sich das Unternehmen wieder.

Grundsätzlich existieren vier alternative Strategien zur Markterschließung – Marktdurchdringung, Produktentwicklung, Marktentwicklung und Diversifikation. Diese lassen sich in der sogenannten **ANSOFF-Matrix** darstellen (► Abbildung 15).

1. Mit der **Marktdurchdringung** wird die Penetration eines bereits existierenden Marktes mit existierenden Produkten erhöht. So versucht z. B. FERRERO, den Absatz von NUTELLA mit Werbekampagnen zu erhöhen („Der Morgen macht den Tag"). Die Marktdurchdringungsstrategie ist risikoarm, bietet aber auch nur begrenzte Chancen.

2. Bei der **Produktentwicklung** werden neue Produkte in bereits bekannte Märkte eingeführt. Beispielsweise könnte ein Waschmittelhersteller auch Weichspülmittel, spezielle Waschmittel für schwarze Textilien oder Fleckentferner einführen. Das Risiko ist normalerweise begrenzt; und die Chancen sind höher.

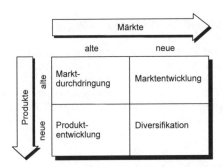

Abbildung 15. Strategien zur Markterschließung nach Ansoff

3. Bei der **Marktentwicklung** werden neue Märkte für etablierte Produkte gesucht. Ein Beispiel ist die Ausdehnung von MCDONALDS, STARBUCKS und SUBWAY nach Europa.

4. Die Strategie der **Diversifikation** ist die riskanteste Strategie, weil mit neuen Produkten neue Märkte erschlossen werden sollen. Ursprünglich wurden Diversifikationsstrategien zur Risikoreduzierung und -streuung empfohlen. Heute weiß man, dass Diversifikationen mit einem hohen Risiko behaftet sind. So unternahm z. B. DAIMLER in den 1980er Jahren umfassende Firmenkäufe in den Bereichen Luftfahrt, Systemberatung, Elektrotechnik und Haushaltsgeräte, um neben dem Automobilgeschäft weitere Geschäftszweige aufzubauen (FOKKER, MBB, DORNIER, DEBIS, AEG). Rückblickend haben sich diese Schritte als Fehlschläge erwiesen, weil die Kernkompetenzen von DAIMLER nicht in diesen Bereichen lagen. Eine genaue Analyse der spezifischen Kompetenzen sollte jeder Diversifikation vorausgehen (▶ S. 25 f. Ziffer 5).

Diversifikation kann auf drei Arten geschehen: horizontale Diversifikation, vertikale Diversifikation und laterale Diversifikation.

a) Bei der **horizontalen Diversifikation** wird das Know-how, das auf einem Markt erworben wurde, für einen anderen Markt genutzt. PROCTER & GAMBLE, welche in Deutschland vor allem durch Konsumgüter wie ARIEL und PAMPERS bekannt wurden, nutzten später ihr Distributions-Know-how, um mit der Übernahme von WELLA auch Haarpflegemittel zu vertreiben.

b) Bei der **vertikalen Diversifikation** werden solche Produkte hinzugenommen, die der eigenen Produktion vor- oder nachgeschaltet sind. So sind z. B. die Chemiekonzerne oft in der Weiterverarbeitung ihrer Produkte tätig. Durch das Produktions-Know-how soll ein größerer Anteil an der Wertschöpfungskette realisiert werden. Die Tendenz zur vertikalen Diversifikation ist allerdings rückläufig, weil zu große Unternehmen oft erhebliche organisatorische Probleme haben und nicht schnell genug „am Markt" agieren können.

c) Bei der **lateralen Diversifikation** werden unternehmensfremde Produkte mit in das Programm aufgenommen. Oft spielen hier Zufall, unkritisches Expansionsstreben, günstige Gelegenheiten zur Expansion oder auch steuerliche Aspekte eine Rolle. Häufig hat die laterale Diversifikation keinen Erfolg, weil sie riskant ist. In sterbenden Branchen kann sie aber zur Notwendigkeit werden.

3.2 Unternehmens- und Marketingstrategie

Bei der **Unternehmens- und Marketingstrategie** sind drei Aufgabenfelder zu unterscheiden. Die Analyse der strategischen Ausgangsposition (Abschnitt 3.2.1) legt den Ist-Zustand offen und macht Strategiedefizite deutlich. Demgegenüber sind Normstrategien (Abschnitt 3.2.2) Empfehlungsanweisungen, welche nach der Analyse der Ausgangsposition gegeben werden. Bei großen Unternehmen reicht die Festlegung auf eine Normstrategie oft nicht aus, so dass eine Portfolioanalyse sinnvoll sein kann (Abschnitt 3.2.3).

3.2.1 Analyse der strategischen Ausgangsposition

Die **Analyse der strategischen Ausgangsposition** umfasst Chancen und Gefahren sowie Stärken und Schwächen eines Unternehmens oder einer Geschäftseinheit. **Geschäftseinheiten** sind eigenständige Einheiten des Unternehmens, die wie getrennte Unternehmen behandelt werden können.

Eine **Chance** ist die Gelegenheit, in einem attraktiven Markt, in welchem man eine starke Position hat, tätig zu werden oder zu expandieren. Eine **Gefahr** (Bedrohung, Risiko) ist eine ungünstige Entwicklung im Unternehmensumfeld, welche sich entweder in abnehmender Marktattraktivität oder in schwindenden Wettbewerbsvorteilen oder in beidem ausdrückt. Chancen und Gefahren sind durch das Umfeld bedingt, d.h., sie können vom Unternehmen nur wenig beeinflusst werden. **Stärken** und **Schwächen** sind hingegen unternehmensspezifische Größen, d.h., sie können vom Unternehmen beeinflusst werden.

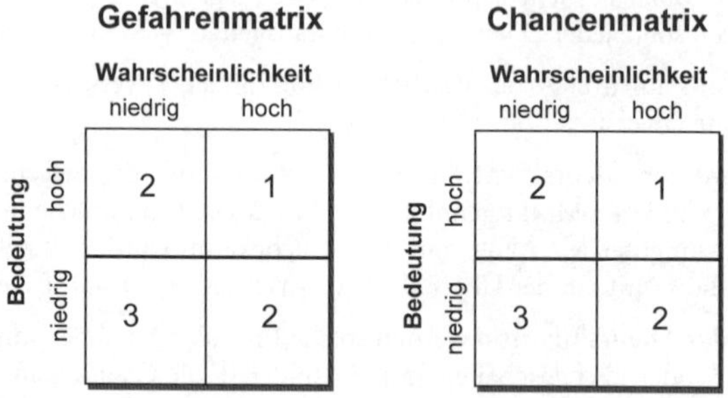

Abbildung 16. Unternehmensumfeld und Handlungsbedarf

Die in Abbildung 16 mit „1" markierten Felder zeigen den sofortigen Handlungsbedarf an, die mit „2" markierten Felder den langfristigen Bedarf. Die mit „3" markierten Felder können vernachlässigt werden. Eine *ideale Geschäftseinheit* zeichnet sich durch hohe Chancen und geringe Gefahren aus. Eine *spekulative Geschäftseinheit* weist hohe Chancen, aber auch hohe Gefahren auf. Eine *ausgereifte Geschäftseinheit* existiert in einem Umfeld mit wenigen Chancen, aber auch wenigen Gefahren. Eine *Problemeinheit* ist durch geringe Chancen und hohe Gefahren gekennzeichnet.

MICHAEL PORTER hat in jüngerer Zeit bedeutende Beiträge zur Entwicklung der Strategielehre geleistet. Er identifizierte fünf Faktoren, sogenannte **Wettbewerbskräfte**, welche die Chancen und das Potential einer Geschäftseinheit bestimmen:

1. **Wettbewerber.** Je weniger Wettbewerber vorhanden sind und je stärker das Unternehmen im Vergleich zu diesen Wettbewerbern ist, desto besser ist die Position des Unternehmens.

2. **Kunden.** Je schwächer die Position der Kunden ist, desto besser ist das Gewinnpotential eines Unternehmens, weil das Unternehmen eine stärkere Verhandlungsposition hat und eigene Preisvorstellungen besser durchsetzen kann. **Beispiel:** Eine lokale Sparkasse hat gegenüber ihren Privatkunden oft eine bessere Position als eine Investmentbank, welche sich um Aufträge großer multinationaler Unternehmen bemüht. Die Sparkasse wird oft gar nicht verhandeln, sondern einfach Konditionen nennen, die der Kunde entweder akzeptieren oder ablehnen kann. (Mit zunehmendem Wettbewerb um die Kunden ändert sich dies.) Die Investmentbank hingegen befindet sich in einem intensiven Wettbewerb mit anderen Banken. Sie sieht sich starken und gut informierten Kunden (Großunternehmen) gegenüber, die aktiv am Markt agieren.

3. **Lieferanten.** Genauso wie die Position der Kunden ist auch die Position der Lieferanten entscheidend für das Potential eines Unternehmens. Sind die Lieferanten sehr stark, wirkt sich dies gewinnmindernd aus. **Beispiel:** Das Entstehen von Einzelhandelsketten veränderte z. B. die Machtposition des Einzelhandels gegenüber den Lieferanten. Bestand vorher vielleicht Parität zwischen dem Gemüseladen und dem Lebensmittelproduzenten (Landwirt) (Polypol, ▶ S. 11), so haben die großen Einzelhandelsketten nun eine sehr starke Position gegenüber ihren Lieferanten und können häufig die Einkaufspreise diktieren (Monopson, ▶ S. 12).

4. **Ersatzprodukte.** Neben dem direkten Wettbewerb kann es Substitutionskonkurrenz durch andere Produkte geben, welche denselben Bedarf wie das eigene Produkt decken. Je weniger Substitutionskonkurrenz möglich ist, desto höher ist das Gewinnpotential. **Beispiele:** Auto, Eisenbahn und Flugzeug; Streichhölzer und Feuerzeuge.

5. **Markteintrittsbarrieren.** Diese verringern den Wettbewerb, indem Sie es neuen Unternehmen schwer machen, sich am Markt zu etablieren. Etablierte Unternehmen befinden sich in der Situation des Monopols, Oligopols oder der monopolistischen Konkurrenz (▶ S. 10 ff.). Eintrittsbarrieren erhöhen das Gewinnpotential der etablierten Unternehmen. **Beispiele:** Patentschutz, hohe Kapitalerfordernisse, etablierte Distributionsnetze oder Beziehungen, ein etabliertes Image, Verwaltungsvorschriften.

3.2.2 Normstrategien

In der präskriptiven Strategielehre werden Normstrategien entwickelt. PORTER nennt drei allgemeine Normstrategien: die Differenzierungsstrategie, die Kostenführerschaft und die Konzentrationsstrategie.

1. Bei der **Differenzierungsstrategie** versucht ein Unternehmen, seine Produkte in einem oder mehreren Merkmalen einzigartig zu gestalten und Nutzen für den Kunden zu schaffen, welcher in dieser Form von anderen Produkten nicht geliefert werden kann. Ein Beispiel sind das IPHONE und das IPAD von APPLE, welche einfacher zu benutzen sind als andere Smartphones bzw. Computer. Viele Markenartikelhersteller verfolgen eine Differenzierungsstrategie: Hier sind es oft allerdings weniger die objektiven Merkmale, sondern die mit einer Marke verbundenen Assoziationen, welche die Produktdifferenzierung bewirken (**Beispiel:** Das Herren-Deo AXE wird mit „Erfolg bei Frauen" verbunden). Differenzierung verringert die Gefahr der Substitutionskonkurrenz. Der Anbieter eines einzigartigen Produkts kann höhere Preise fordern. Unternehmen mit einer Differenzierungsstrategie müssen in den Bereichen Forschung & Entwicklung, Qualitätskontrolle und Marketing ihre Stärken haben.

2. Die Strategie der umfassenden **Kostenführerschaft** zielt darauf ab, durch optimale Prozesse in den Bereichen Einkauf, Logistik, Produktion und Distribution Kostenvorteile zu erzielen. Die Einzelhandelsketten ALDI, LIDL und die Drogeriemarktkette DM verfolgen eine solche Strategie.

3. Ein Unternehmen kann sich auch auf einzelne Marktsegmente (Marktnischen) konzentrieren (**Konzentrationsstrategie,** auch: Fokussierungsstrategie, Nischenstrategie). In diesen Marktsegmenten kann es dann wiederum entweder eine Strategie der Differenzierung oder der Kostenführerschaft verfolgen. KRONES, ein Unternehmen mit knapp 9.000 Mitarbeitern, konzentriert sich auf den Bau von Getränkeabfüllanlagen und ist in diesem Segment Weltmarktführer. Die Konzentrationsstrategie kommt für Unternehmen in Frage, welche sehr spezifische Wettbewerbsvorteile besitzen oder die zu klein sind, um den Gesamtmarkt zu versorgen.

Das Unternehmen kann zwischen verschiedenen Möglichkeiten der Marktbearbeitung auswählen: der Segmentkonzentration, der Produktspezialisierung, der Marktspezialisierung, der selektiven Spezialisierung und der Marktabdeckung (▶ Abbildung 17).

1. Bei der **Segmentkonzentration** wird eine eng abgegrenzte Produktpalette auf einem kleinen Teilmarkt angeboten (z. B. lokale Starkbierbrauerei).

2. Bei der **Produktspezialisierung** wird ein Produkt für den gesamten Markt angeboten (z. B. ERDINGER WEISSBIER in der gesamten Bundesrepublik).

3. Bei der **Marktspezialisierung** konzentriert man sich auf einen Markt und bietet mehrere Produkte an (z. B. Sportartikelhersteller).

4. Bei der **selektiven Spezialisierung** werden einzelne Marktsegmente bearbeitet, die anscheinend nicht viel miteinander zu tun haben. Ein Beispiel sind große Mischkonzerne (z. B. GENERAL ELECTRIC), welche Anteile an Unternehmen in unterschiedlichen Branchen halten.

5. Bei der Strategie der **Marktabdeckung** wird schließlich versucht, einen Gesamtmarkt mit allen dazugehörigen Produkten zu bedienen. Die DEUTSCHE BANK bietet z. B. alle Produkte des Bankwesens für den deutschen Markt an. Eine Marktabdeckungsstrategie kann nur für sehr starke Anbieter erfolgreich sein.

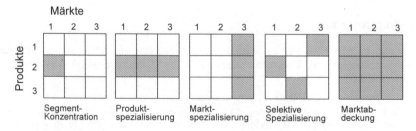

Abbildung 17. Strategien der Marktbearbeitung nach ABELL

Relativer Marktanteil und Kapitalrendite stehen nach empirischen Untersuchungen von PORTER in einem engen Zusammenhang, der sich auch mit Hilfe der vorgenannten Strategien erklären lässt. Unternehmen mit einem kleinen oder großen relativen Marktanteil haben normalerweise eine höhere Kapitalrendite als Unternehmen mit einem mittelgroßen Marktanteil (▶ Abbildung 18). Unternehmen mit einem hohen Marktanteil können normalerweise die Vorteile der Kostenführerschaft oder der Differenzierungsstrategie nutzen. Unternehmen mit einem geringen Marktanteil setzen auf Konzentration. Die Unternehmen mit einem mittleren Marktanteil befinden sich in einem kritischen Bereich; sie sitzen „zwischen den Stühlen" (engl. „stuck in the middle"): Einerseits sind sie nicht groß genug, um den Marktführer herauszufordern. Andererseits können sie sich aber auch nicht auf ein Segment konzentrieren und haben deswegen Nachteile gegenüber kleineren Anbietern.

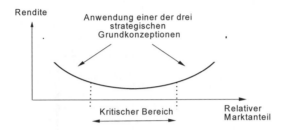

Abbildung 18. Der Zusammenhang zwischen Marktanteil, Rendite und strategischen Grundkonzeptionen

3.2.3 Portfolioanalyse

Große oder multinationale Unternehmen haben oft eine Vielzahl von strategischen Geschäftseinheiten (▶ S. 28). Zwischen unterschiedlichen strategischen Geschäftseinheiten sind die Synergieeffekte begrenzt. **Synergieeffekte** sind dann gegeben, wenn zwei Geschäftseinheiten zusammen mehr wert sind (mehr produzieren) als isoliert. Strategische Geschäftseinheiten können also weitgehend unabhängig voneinander geführt werden. Auf dieser Tatsache beruhend haben die Unternehmensberatungen BOSTON CONSULTING GROUP und MCKINSEY Portfoliomodelle für größere Unternehmen entwickelt. **Portfoliomodelle** zeigen Normstrategien auf, wie mit den einzelnen Geschäftseinheiten des Portfolios zu verfahren ist. Hier werden die Marktanteils-Marktwachstums-Matrix, die Marktattraktivitäts-Wettbewerbsvorteile-Matrix und eine allgemeine Matrix der Normstrategien vorgestellt.

1. **Marktanteils-Marktwachstums-Matrix** (Growth-Share Matrix) der BOSTON CONSULTING GROUP. Die Ordinate dieser Matrix gibt das Marktwachstum wieder, die Abszisse den relativen Marktanteil der Geschäftseinheit (▶ Abbildung 19). Marktanteil und Marktwachstum beeinflussen beide die Rendite des Unternehmens. Die BCG-Matrix weist vier Felder auf: Stars, Question marks, Cash cows und Poor dogs.

    a) **Stars** (Sterne). Dies sind Geschäftseinheiten mit einem großen Marktanteil in stark wachsenden Märkten. Hier sollte das Unternehmen investieren, um seine bestehenden Stärken auszubauen.

    b) **Question marks** (Fragezeichen). Dies sind Geschäftseinheiten, die sich ebenfalls in attraktiven Märkten befinden, deren Marktanteil aber klein ist. Hier muss das Unternehmen im Einzelfall überlegen, ob es sich lohnt, zu investieren, damit die Marktposition des Unternehmens gestärkt werden kann. Die Investition ist riskanter als bei den Stars, weil die eigene Position schwach ist.

    c) **Cash cows** (Melkkühe). Dies sind Geschäftseinheiten mit einem hohen Marktanteil in unattraktiven Märkten der Reifephase (▶ S. 23). Sie sind zwar profitabel, aber das Geschäft hat keine große Zukunft. Deswegen sollten auch nur die notwendigsten Investitionen getätigt werden und weitere Finanzmittel zur Investition in attraktivere Geschäftseinheiten umgeleitet werden. Die Cash cows werden „ausgemolken".

d) Die **Poor dogs** (arme Hunde) sind Geschäftseinheiten mit kleinem Marktanteil in unattraktiven Märkten. Die Dogs können nur mit einem unverhältnismäßig hohen Aufwand saniert werden und selbst dann ist der Ausgang ungewiss. Die betreffenden Einheiten sollten verkauft oder stillgelegt werden.

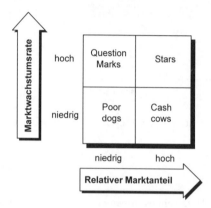

Abbildung 19. Die Marktanteils-Marktwachstums-Matrix der BCG

2. **Marktattraktivitäts-Wettbewerbsvorteile-Matrix** von MCKINSEY. MCKINSEY hat die Klassifizierungskriterien der BOSTON CONSULTING GROUP kritisiert. Eindimensionale Größen wie Marktwachstum und Marktanteil seien nur bedingt geeignet, einen Markt zu beschreiben. Stattdessen verwendet MCKINSEY die Kriterien Marktattraktivität und relative Wettbewerbsposition (► Abbildung 20). Diese werden aus verschiedenen Faktoren ermittelt. Die **Marktattraktivität** bestimmt sich unter anderem durch Marktwachstum, Marktgröße, Marktqualität und Umweltsituation. Die **relativen Wettbewerbsvorteile** werden durch die relative Marktposition, das relative Produktionspotential, die relative Personalqualität und weitere Faktoren bestimmt.

Die Normstrategien sind bei beiden Modellen ähnlich (► Abbildung 21). Je stärker die Wettbewerbsposition und je attraktiver der Markt, desto mehr sollte in die Geschäftseinheit investiert werden (Investitions- und Wachstumsstrategien). Die dafür benötigten Mittel sollten aus unattraktiven Märkten stammen (Abschöpfungs- und Desinvestitionsstrategien).

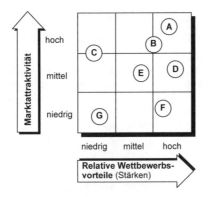

Abbildung 20. Die Marktattraktivitäts-Wettbewerbsvorteile-Matrix von MCKINSEY

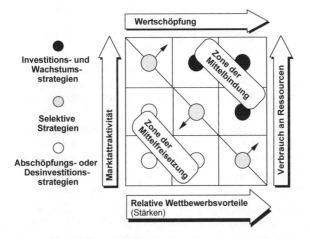

Abbildung 21. Normstrategien für strategische Geschäftseinheiten

3.3 Marktsegmentierung

Marktsegmentierung ist die Aufteilung des Gesamtmarktes in genau definierte Teilmärkte (Marktsegmente). Die Marktsegmentierung ist eng mit der Definition des relevanten Marktes für ein Unternehmen verknüpft. Die Marktsegmentierung kann anhand demographischer, psychographischer, geographischer oder anderer Kriterien vorgenommen werden, welche jeweils nach Zweckmäßigkeit ausgewählt werden (▶ S. 13 ff.). Oft ist es das Ziel, die **Präferenzen** bestimmter Kundengruppen für bestimmte Produkteigenschaften herauszufinden. Präferenzen können homogen, diffus oder clusterartig sein (▶ Abbildung 22).

a) **Homogene Präferenzen.** Alle Kunden haben in etwa die gleichen Bedürfnisse.

b) **Diffuse Präferenzen.** Die Präferenzen sind breit gestreut. Es sind keine bestimmten Schwerpunkte erkennbar.

c) **Clusterartige Präferenzen.** Es existieren einzelne Gruppen von Kunden, die in sich ähnliche Präferenzen haben, sich aber von den anderen Gruppen deutlich unterscheiden.

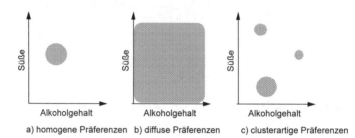

a) homogene Präferenzen b) diffuse Präferenzen c) clusterartige Präferenzen

Abbildung 22. Beispiel: Marktpräferenzen bei Wein

Das Unternehmen, welches die Marktsegmente richtig bedient und anspricht, wird anderen Unternehmen überlegen sein, welche die Präferenzen und die Eigenschaften der einzelnen Kundengruppen nicht richtig erkannt haben. Für eine erfolgreiche Marktsegmentierung müssen mehrere Voraussetzungen vorliegen:

- Zunächst müssen die *relevanten Produkteigenschaften* herausgefunden werden, d.h. diejenigen Eigenschaften, welche dem Käufer besonders am Herzen liegen. Es hilft nichts, wenn sich eine bestimmte Eigenschaft gut zur Segmentierung eignet, diese Eigenschaft aber unwichtig ist.

- Die Produkteigenschaften sowie die demo- oder psychographischen Eigenschaften der Kundengruppen (z.B. Kaufkraft oder Größe der einzelnen Kundengruppen) müssen *messbar* sein.

- Die Marktsegmente müssen *zugänglich* und für Marketing-Maßnahmen erreichbar sein. Es nützt wenig, wenn ein Marktsegment zwar genau gemessen und bestimmt werden kann, aber keine Instrumente existieren, dieses Segment zu erreichen. So hat das Segment „pflegebedürftige Senioren" durchaus eine hohe Kaufkraft. Diese Personen leben aber häufig isoliert und zurückgezogen, so dass sie schlecht direkt angesprochen werden können.

- Ein Marktsegment muss eine *kritische Mindestgröße* haben, wenn es spezifisch bedient werden soll. Diese Mindestgröße ist dank moderner Datenverarbeitungstechniken ständig kleiner geworden. So können in den USA mit Hilfe gespeicherter Daten sehr kleine Segmente durch Werbebriefe angesprochen werden, z.B. Mütter mit einem bestimmten Einkommen und einem gewissen Alter der Kinder. In Deutschland ist dies wegen der datenschutzrechtlichen Bestimmungen schwierig.

- Schließlich müssen auch die *Unternehmensressourcen* ausreichend sein, um eine Segmentierungsstrategie durchhalten zu können. Wenn das Unternehmen zu klein ist, muss u.U. auf eine Segmentierungsstrategie verzichtet werden.

Ein Unternehmen kann sich zwischen der konzentrierten Marktbearbeitungsstrategie und der differenzierten Marktbearbeitungsstrategie entscheiden:

1. Bei der **konzentrierten Marktbearbeitungsstrategie** ist das Unternehmen bemüht, eine starke Stellung auf einem oder wenigen Teilmärkten zu erreichen. Das Unternehmen stellt sich ganz auf die Erfordernisse eines bestimmten Marktsegments ein. Diese Strategie bietet sich für kleine und mittlere Unternehmen an (▶ S. 30).

2. Bei der **differenzierten Marktbearbeitungsstrategie** wird versucht, durch differenzierten Einsatz der Marketinginstrumente alle Kunden in den verschiedenen Marktsegmenten zu erreichen. Eine derartige Strategie kommt vor allem für größere Unternehmen in Frage und wird oft in der Nahrungs- und Genussmittelbranche verfolgt.

Produktpositionierung ist die Gestaltung von Produkt und Marketing-Mix (Definition folgt auf S. 36) mit dem Ziel, ein bestimmtes Marktsegment anzusprechen. Das Produkt soll einen ganz bestimmten Platz in der Wahrnehmungswelt des Konsumenten oder Kunden einnehmen. Dabei kann eine tatsächliche Produktveränderung vorgenommen werden; es kann aber auch versucht werden, die Wahrnehmung des Kunden ausschließlich durch Kommunikationsmaßnahmen zu beeinflussen und das Produkt unverändert zu lassen.

In der Industriegesellschaft haben die Konsumenten mit Informationsüberflutung zu kämpfen. Die Aufgabe der Produktverantwortlichen ist es, die Wahrnehmung des Produktes durch den Konsumenten zu erreichen, dem Produkt Individualität zu verleihen und es von anderen Produkten abzusetzen. Das Produkt muss bei mindestens einer relevanten Eigenschaft besonders gut abschneiden. Von der Position des Ersten (erstes Produkt am Markt, Qualitätsführerschaft, modernstes Produkt; ▶ Differenzierungsstrategie auf S. 29 f.) gehen starke Signalwirkungen aus. So war z. B. COCA-COLA das erste Cola-Getränk und damit fest im Bewusstsein der Konsumenten verankert. Sicherlich hat COCA-COLA diese Führungsposition durch Werbemaßnahmen ausgebaut, aber der Zeitvorsprung war mehr als fünfzig Jahre ein großer strategischer Vorteil. Herausforderer können den Marktführer mit zwei Strategien angehen – den direkten Angriff oder den Umgehungsangriff.

1. *Direkter Angriff.* Der Herausforderer kann versuchen, die Konsumenten davon zu überzeugen, dass sein Produkt in einer Dimension wesentlich besser als der Marktführer ist. Diese Strategie ist riskant, da sie Reaktionen des Marktführers geradezu herausfordert. PEPSI-COLA hat in den USA diese Strategie gegenüber COCA-COLA gewählt: „Trink PEPSI statt COLA" und war erfolgreich, weil Pepsi das Image „jung" und „dynamisch" besser als COCA-COLA vermitteln konnte.

2. *Umgehungsangriff.* Der Herausforderer kann auch versuchen, eine Lücke oder neue Produktdimension zu entdecken und zu besetzen, welche vom Marktführer noch nicht vereinnahmt worden ist. Diese Strategie ist normalerweise weniger riskant. Sie wurde von SEVEN-UP gewählt. Das Getränk wurde bewusst als „Nichtcola" vorgestellt: Alle, die keine Cola wollten, sollten zu SEVEN-UP greifen.

4 Operatives Marketing

Im **operativen Marketing** werden die Entscheidungen über den Marketing-Mix getroffen.

Der **Marketing-Mix** (▶ S. 9) ist die Gestaltung von Produkt-, Entgelt-, Distributions- und Kommunikations-politik (▶ Abbildung 23). Im Englischen bezeichnet man den Marketing-Mix auch mit den „vier P": product, price, place und promotion. Während es beim strategischen Marketing um die grundlegende Kenntnis der Märkte und Produkte sowie die Auswahl von Normstrategien geht, wird beim operativen Marketing die aktive Marktbeeinflussung geplant und durchgeführt. Lange war mit dem Begriff „Marketing" vor allem das „operative Marketing" gemeint. Erst in den 1960er und 1970er Jahren begann man, das Hauptaugenmerk auf die strategische Komponente zu richten. Das operative Marketing hat aber nach wie vor eine wichtige Funktion, denn hier werden die eigentlichen Marketing-Maßnahmen durchgeführt.

1. Durch die **Produktpolitik** (▶ Abschnitt 4.1) werden Produktdimensionen wie Qualität, Zusatzoptionen, Stil, Markenname, Verpackung, Größen, Service und Garantien festgelegt.

2. Die **Entgeltpolitik** (Kontrahierungspolitik; ▶ Abschnitt 4.2) definiert Listenpreis, Rabatte, Mengenzuschläge und -abschläge, Zahlungs- und Kreditbedingungen.

3. Die **Distributionspolitik** (▶ Abschnitt 4.3) beeinflusst Absatzkanäle, Absatzmittler, Marktbedienungsgrad, Standorte, Lagerhaltung und Transport. Diese Funktionen werden auch unter dem Begriff *logistische Funktionen* zusammengefasst.

4. Die **Kommunikationspolitik** (▶ Abschnitt 4.4) umfasst Werbung, Gestaltung des persönlichen Verkaufs, Verkaufsförderung (Promotion) und Public relations. Sie wird vielfach mit Werbung gleichgesetzt, umfasst aber mehr als bloße Werbung.

Abbildung 23. Die Elemente des Marketing-Mix

4.1 Produktpolitik

Die **Produktpolitik** umfasst alle Entscheidungstatbestände, welche sich auf die marktgerechte Gestaltung des Leistungsprogramms eines Unternehmens beziehen (MEFFERT). Sie besteht aus der Produktprogramm- und Sortimentspolitik (▶ Abschnitt 4.1.1) und den individuellen Produktentscheidungen (▶ Abschnitt 4.1.2). Ein Produkt ist alles, was auf einem Markt angeboten werden kann und was eine Nachfrage bzw. ein Bedürfnis befriedigt, also z.B. auch Dienstleistungen. Die Produktpolitik ist ein zentraler Bestandteil des Marketing-Mix, weil sie stark zur dauerhaften Befriedigung von Kundenbedürfnissen beiträgt.

4.1.1 Produktprogramm- und Sortimentspolitik

In der Produktprogramm- und Sortimentspolitik wird festgelegt, welche Produkte von einem Unternehmen angeboten werden. Bei Produktionsunternehmen spricht man von der **Produktprogrammpolitik,** im Handel von der **Sortimentspolitik.** Produkte werden anhand eines hierarchischen Schemas klassifiziert:

- **Bedürfnisfamilie** sind Gruppen von Bedürfnissen, welche die Nachfrage nach einer *Produktfamilie* entstehen lassen. **Beispiel:** Sicherheit im Alter (Bedürfnisfamilie) wird durch Ersparnisse, Lebens-, Kranken- und Sozialversicherungen gewährleistet.

- **Produktklassen** sind Gruppen von Produkten innerhalb einer Produktfamilie, welche gewisse funktionale Ähnlichkeiten aufweisen. **Beispiel:** Versicherungen.

- **Produktlinien** sind Gruppen von Produkten, welche eng zusammengehören. **Beispiel:** Lebensversicherungen.

- **Produkttypen** sind Produkte innerhalb einer Linie, welche sich in bestimmten Aspekten gleichen. **Beispiel:** Lebensversicherungen mit einer Laufzeit von 20 Jahren.

- **Marken** sind Namen oder Zeichen, die mit einem oder vielen Produkten identifiziert werden. **Beispiel:** ALLIANZ-Lebensversicherungen.

Die Produktprogrammpolitik oder Sortimentspolitik soll Rendite und Zukunftssicherung gewährleisten. Hauptfaktoren sind die Programmbreite und die Programmtiefe. Die **Programmbreite** gibt an, wie viele *Produktlinien* (Produktion) oder *Warengruppen* (Handel) angeboten werden. Die **Programmtiefe** gibt an, wie viele einzelne Produkte je Produktlinie bzw. Warengruppe angeboten werden.

Zunächst muss eine Entscheidung über das Angebot getroffen werden. Diese Entscheidung fällt im Rahmen der strategischen Produktprogrammplanung bzw. Sortimentsplanung. Dabei kann der Anbieter sich für ein eher begrenztes oder ein komplexes Produktprogramm entscheiden.

1. Ein *begrenztes Produktprogramm* bietet sich für Unternehmen mit begrenzten Ressourcen oder komplexen und individuell gestalteten Produkten an. Ein kleiner Automobilzulieferbetrieb wird z.B. nur bestimmte Schmiedeteile herstellen. Dienstleistungen sind oft komplex, daher bieten Dienstleistungsbetriebe oft nur ein begrenztes Programm an (z.B. spezialisierter Rechtsanwalt).

2. Ein *komplexes Produktprogramm* bietet sich bei Unternehmen mit großen Ressourcen, einfachen Produkten und dort, wo Synergien genutzt werden können, an. BASF hat z.B. sehr viele Produkte im Programm, weil das Unternehmen große Ressourcen besitzt und weil große Syner-

gieeffekte genutzt werden können. Die Vorteile der vertikalen Integration machen sich bemerkbar: Von der ersten Bearbeitungsstufe der chemischen Rohstoffe über Forschung bis hin zur Gestaltung der Endprodukte soll nach Möglichkeit alles in einem Hause geschehen.

Supermärkte und Kaufhäuser bieten ebenfalls ein komplexes Sortiment an. Hier entstehen die Synergien nicht in der Produktion, sondern beim Käufer. Dieser verfügt über immer weniger Zeit und ist froh, bei einem begrenzten Zeitbudget viele Warengruppen an einem Ort vorzufinden.

Bei der Sortimentspolitik kann man zwischen vier Orientierungsrichtungen unterscheiden: Herkunftsorientierung, Bedarfs- oder Erlebnisorientierung, Preisorientierung und Orientierung am Grad der Selbstverkäuflichkeit.

1. **Herkunftsorientierung** liegt vor, wenn das Sortiment vom Material, Produktions- oder Beschaffungsverfahren bestimmt wird (**Beispiele:** Textilien, Stahlerzeugnisse).

2. **Bedarfs- oder Erlebnisorientierung** ist verbraucherbezogen (**Beispiele:** Sportgeschäft, Delikatessenladen). Viele Friseure gehen z. B. dazu über, sich nicht nur als Friseure zu verstehen, sondern bieten neben dem Basisprodukt „Haarschnitt" auch andere Produkte an, die mit der Befriedigung des Bedürfnisses nach Schönheit zusammenhängen. So findet sich heute in vielen Salons auch ein Angebot kosmetischer Produkte.

3. **Preisorientierung** liegt vor, wenn das Sortiment überwiegend von der Preispolitik bestimmt wird (ALDI).

4. **Grad der Selbstverkäuflichkeit.** Hier wird das Sortiment von der Erklärungsbedürftigkeit der Ware bestimmt. Ein Automobilhändler könnte durchaus auch Versicherungen verkaufen (hoher Erklärungsbedarf), während man sich dies bei einem Lebensmittelgeschäft (niedriger Erklärungsbedarf) kaum vorstellen kann.

Produktlinien (Warengruppen) müssen ständig anhand dreier Kriterien überprüft werden – Umsatz, Gewinn und Marktposition (zu den Kriterien Umsatz und Gewinn ▶ WRW-Kompaktstudium **KOSTEN- UND LEISTUNGSRECHNUNG**, 9. Aufl. 2012, Abschnitte 3.3, 3.5 und 4.1.3). Diese Überprüfung hängt eng mit der Positionsbestimmung im Produktlebenszyklus zusammen (▶ S. 21 ff.). Je nach Ergebnis können die einzelnen Produktlinien dann wie ein Portfolio strategischer Geschäftseinheiten behandelt werden. Das Management kann sich entscheiden, neue Produktlinien aufzubauen, Produktinnovation zu betreiben, Produkte zu verändern oder Produktlinien zu eliminieren. Sowohl die Programmbreite als auch die Programmtiefe sind wichtige Komponenten der Unternehmenspolitik.

Beispiel (Programmbreite): IBM war lange auf dem Computermarkt dominant und bot nur die für das Unternehmen besonders profitablen Großrechner an. Anfang der 1980er Jahre versäumte man es, rechtzeitig in den Markt für PCs einzusteigen. Das Unternehmen wurde empfindlich geschwächt und verlor seine dominante Position.

Beispiel (Programmtiefe): DAIMLER bot lange nur Limousinen der Oberklasse an. In den 1980er Jahren wurde mit dem MERCEDES 190 (heutige C-KLASSE) die Programmtiefe der Linie Pkws verlängert. In den 1990er Jahren kamen mit der A-KLASSE sogar Kompaktklasse-PKW hinzu.

Bei der Ausweitung von Produktprogrammen sind neben den Chancen auch Risiken zu berück-sichtigen. So kann eine *Kannibalisierung* von Produkten und Gewinnen eintreten, wenn neue Pro-dukte die gleichen Bedürfnisse wie alte Produkte abdecken. In einem solchen Fall ist es sogar mög-lich, durch die Streichung von unprofitablen Produkten die Position eines Unternehmens erheblich zu verbessern. Bei einer Ausweitung des Produktprogramms muss außerdem darauf geachtet wer-den, dass für die Bedürfnisse des Marktes produziert wird.

Beispiel: Der EDSEL von FORD wurde zum Marketing-Flop der späten 1950er Jahre. FORD hatte bemerkt, dass Käufer von billigen FORD-Modellen lieber zu GENERAL-MOTORS-Produkten wech-selten, wenn sie sozial aufstiegen, als die hochpreisigen LINCOLN- oder MERCURY-Modelle von FORD zu kaufen. Der EDSEL wurde speziell entwickelt, um diese Marktlücke abzudecken. Aller-dings verfehlte der EDSEL die Kundenbedürfnisse – und FORD verlor 350 Millionen Dollar.

4.1.2 Individuelle Produktentscheidungen

Neben der Programmgestaltung ist vor allem die Gestaltung des individuellen Produktes eine wich-tige Komponente der Produktpolitik. Sie besteht aus Produktgestaltung, Markenpolitik, Ver-packungspolitik und Servicepolitik.

1. Bei der **Produktgestaltung** werden Produktqualität, Produktfeatures und Produktstil festgelegt.

   a) Die *Produktqualität* ist ein wichtiges Produktattribut. Bei höherer Qualität (und höheren Ko-sten) sind dennoch oft die Gewinne höher, weil die Möglichkeit der Differenzierungsstrategie besteht (▶ S. 29). Viele Unternehmen verbessern ihre Produktqualität im Laufe der Zeit durch Lernprozesse. Manchmal wird aber auch bewusst Qualitätsverschlechterung betrieben, um ein Produkt auszubeuten (*„Cash-cow"*- und *„Harvest"-Strategie*). Dass sich eine solche Quali-tätsverschlechterung langfristig nur selten auszahlt, haben viele amerikanische Anbieter er-fahren, die sich wachsendem Importdruck gegenübersahen, weil viele Kunden die Qualitäts-verschlechterung nicht hinnahmen und sich nach Konkurrenzprodukten umsahen.

   b) *Produktfeatures* sind die zusätzlichen Attribute eines Produktes. Es gibt „nackte Produkte" ohne zusätzliche Features. So hat z.B. PORSCHE lange Zeit ein qualitativ hochwertiges, aber „nacktes" Produkt ohne Zusatzfeatures angeboten – „Fahren in Reinkultur". Japanische An-bieter hingegen versuchten, ihre Autos mit vielen Extras aufzuwerten.

   c) Der *Produktstil* eröffnet weitere Möglichkeiten der Produktgestaltung. So produzierte ERCO Beleuchtungselemente mit einem charakteristischen Design, welches jahrelang wenig ver-ändert wurde.

2. Die **Markenpolitik** ist zu einem wichtigen Element der Produktpolitik geworden (zum Begriff „Marke" ▶ S. 37). Produkte mit Markennamen sind **Markenprodukte**. Produkte ohne Marken-bezeichnung sind **No-name-Produkte** (generische Produkte). Früher waren nur wenige Pro-dukte mit einem Markennamen versehen. Reis, Kaffee, Möbel, Zucker und vieles andere wurde ohne Markennamen verkauft. Die ersten Markenprodukte waren patentierte Arzneimittel – ei-nige, z.B. ASPIRIN von BAYER, existieren noch heute. Heute sind Marken allgegenwärtig. Weil die Markenpolitik erhebliche Kosten in Form von Werbung und Verpackung mit sich bringt, muss diesen Kosten ein größerer Nutzen gegenüberstehen. Dieser Nutzen ist durch verschiedene Prozesse gegeben: Markennamen erleichtern die Abwicklung von Bestellvorgängen. Geschützte Markennamen können nicht vom Wettbewerber kopiert werden und verleihen dem Produkt

Individualität. Markennamen können Kundenloyalität bewirken. Einzelne Produkte können besser positioniert werden (► S. 35). Je nachdem, wer für die Vergabe des Markennamens verantwortlich ist, spricht man von Herstellermarken, Handelsmarken oder Lizenzmarken.

a) *Herstellermarken* sind solche, bei denen der Hersteller den Markennamen vergibt, z. B. MERCEDES E 230.

b) Bei *Handelsmarken* vergibt der Händler die Markennamen. In den USA – und jetzt auch in Deutschland – spielt sich ein Konflikt der Hersteller- und der Händlermarken ab. Traditionell haben die Hersteller den Markt dominiert. Viele Händler sind wegen der oben genannten Vorteile dazu übergegangen, ihre eigenen Markennamen zu vergeben. Inzwischen verkauft die Kaufhauskette SEARS über 90 % ihrer Produkte mit eigenen Markennamen.

c) *Lizenzmarken* sind Marken, bei denen ein Lizenzgeber die Rechte zu Herstellung und Vertrieb von Markenprodukten wie z. B. CHRISTIAN DIOR an Dritte (Lizenznehmer) vergibt.

Je nach Vielfalt der Marken kann man gemeinsame Familienmarkennamen sowie individuelle Marken und Markenfamilien unterscheiden.

a) Ein *gemeinsamer Familienmarkenname* bietet sich bei einem homogenen Produktprogramm an. **Beispiele:** KRAFT Käse, HEINZ Ketchup, MÜLLER-Milch.

b) *Individuelle Marken* und *Markenfamilien* eignen sich für große Unternehmen mit einem diversifizierten Produktprogramm. Das Prestige des Unternehmens ist nicht an eine Marke gebunden. Unterschiedliche Produkte können voneinander abgesetzt werden. **Beispiel:** UNILEVER verkauft Eis unter dem Namen LANGNESE, Tee unter dem Namen LIPTON und Waschmittel unter den Namen OMO und CORAL. WEITERE UNILEVER-Markennamen für Nahrungsmittel sind BERTOLLI, BECEL, BIFI, DU DARFST, KNORR, LÄTTA, PFANNI und RAMA sowie für Körperpflegeartikel AXE, DOVE, IMPULSE, REXONA, TOMOTEI und SIGNAL.

3. Die **Verpackungspolitik** ist ein weiterer wichtiger Bestandteil der Produktpolitik. Die zunehmende Bedeutung der Verpackungen wurde vor allem durch vier Trends gefördert. Der *Trend zur Selbstbedienung* hat es notwendig gemacht, dass individuell abgepackte Portionen auf den Regalen angeboten werden. Zunehmend wohlhabendere Verbraucher sind bereit, mehr für die Bequemlichkeit, das Aussehen und das Prestige einer Verpackung zu zahlen. Eine gute Verpackung kann auch das *Image* eines Produktes heben. Schließlich bietet eine Verpackung Möglichkeiten zur Produktinnovation (z. B. Milch in Tüten). Schließlich bietet sich die *Verpackung als Werbeträger* an. Es werden aber auch zunehmend kritische Stimmen laut. Im Rahmen des Öko-Marketings wird versucht, die Umweltverträglichkeit von Produkten zu verbessern.

4. Auch der **Kundendienst** (Service) ist ein Element der individuellen Produktgestaltung. Ein Gut kann ohne Service angeboten werden, z. B. Seife in einem Supermarkt. Ein Gut kann durch eine Serviceleistung begleitet werden, z. B. Beratung über Seifen im Kosmetikgeschäft. Eine Dienstleistung kann durch Güter ergänzt werden, z. B. das Essen bei langen Flügen. Schließlich kann auch eine reine Dienstleistung vorliegen, z. B. die Beratung durch einen Rechtsanwalt.

4.2 Entgeltpolitik

Die Entgeltpolitik besteht aus Preispolitik und Konditionenpolitik. Bei der **Preispolitik** wird bestimmt, zu welchem Preis ein Produkt abgegeben werden soll. Bei der **Konditionenpolitik** werden die Kreditbedingungen, Rabatte sowie Liefer- und Zahlungsbedingungen festgelegt.

4.2.1 Preispolitik

Die Preispolitik ist ein zentraler Bestandteil des Marketing-Mix. Für eine optimale Preispolitik ist die Kenntnis der Nachfrage, der eigenen Kostenstruktur und der Wettbewerber notwendig.

1. **Nachfrage.** Um die Nachfrage zu messen, wird die *Preiselastizität der Nachfrage* bestimmt. Diese gibt an, wie stark sich prozentual die Nachfrage nach einem Produkt bei einer bestimmten prozentualen Preisänderung verändert (▶ WRW-Kompaktstudium **MIKROÖKONOMIK,** 4. Auflage 2011, Abschnitt 2.5.1). Preiselastizitäten können mit Hilfe direkter Befragungen, der statistischen Analyse historischer Daten, mit Markttests oder mit analytischen Modellen geschätzt werden.

2. **Kostenstruktur.** Die Kenntnis der eigenen Kostenstruktur ist wichtig, um zu entscheiden, zu welchen Preisen man kurz- oder langfristig noch gewinnbringend anbieten kann (▶ **KOSTEN- UND LEISTUNGSRECHNUNG,** 9. Aufl. 2012, Abschnitte 4.1.2 und 4.1.3 sowie **MIKROÖKONOMIK,** 4. Auflage 2011, Abschnitt 3.4.1).

3. **Wettbewerber und Ersatzprodukte.** Die Kenntnis der Strategien und Kostenstrukturen der Wettbewerber ist wichtig, um einschätzen zu können, wie diese auf eigene Preisänderungen reagieren werden. Die Konkurrenz durch Ersatzprodukte (▶ S. 29) kann mit Hilfe der sogenannten Kreuzpreiselastizität (TRIFFINscher Koeffizient) geschätzt werden. Die *Kreuzpreiselastizität* gibt an, wie stark sich die Nachfrage nach einem bestimmten Produkt verändert, wenn sich der Preis eines anderen Produktes verändert (▶ **MIKROÖKONOMIK,** 4. Auflage 2011, Abschnitt 2.5.2).

Diese drei genannten Gruppen von Faktoren führen zu drei Methoden der Preisfestsetzung – der nachfrageorientierten Preisfestsetzung, der kostenorientierten Preisfestsetzung und der wettbewerbsorientierten Preisfestsetzung. Alle drei Methoden können in Reinform vorkommen; häufig mischen sich aber Elemente aus den verschiedenen Verfahren.

1. **Nachfrageorientierte Preisfestsetzung** (Wertprinzip). Hier wird versucht zu ermitteln, wie viel ein Kunde oder die Kunden aus einem Marktsegment (▶ S. 33 f.) bereit sind, für ein bestimmtes Produkt oder eine Dienstleistung zu zahlen. Wenn das Produkt oder die Dienstleistung zu einem hohen Preis verkauft werden können, wird auch ein hoher Preis gefordert. Anhand einer segmentspezifischen *Preisdifferenzierung* werden die Deckungsbeiträge maximiert. **Beispiel:** Fluglinien bieten Plätze in der Economy-Class zu sehr unterschiedlichen Preisen an – je nachdem, ob über Charter lange vorher gebucht wurde (Touristen), kurze Reisen gebucht wurden (wohlhabende Kurzzeitreisende) oder die Reise kein Wochenende umfasst (Geschäftsleute).

2. **Kostenorientierte Preisfestsetzung** (Cost plus, Kostenprinzip). Hier werden die Kosten eines Produkts oder einer Dienstleistung ermittelt und dann mit einem gewissen Zuschlag (Gewinn) verkauft (▶ **KOSTEN- UND LEISTUNGSRECHNUNG,** 9. Aufl. 2012, Abschnitt 2.3.2.3). Das Verfahren ist relativ einfach: man reduziert den Preiskampf mit den Konkurrenten und garantiert eine gewisse Fairness, weil man nicht von jedem Kunden das Maximum „herausschlägt". Die Mög-

lichkeit zur Marktdifferenzierung ist ausgeschlossen. **Beispiel:** Cost-plus-Verträge sind besonders für Aufträge aus dem öffentlichen Sektor typisch (► S. 21).

3. **Wettbewerbsorientierte Preisfestsetzung.** Hier orientiert sich das Unternehmen am sogenannten *Leitpreis,* d. h. dem Preis des Marktführers oder dem Durchschnittspreis der Branche und setzt den eigenen Preis relativ zu diesem Preis fest. Je nach Strategie wird der Leitpreis imitiert, über- oder unterboten. Die einmal gewählte Preisrelation zum Leitpreis bleibt relativ starr. Das Verfahren ist einfach, ist aber weder an der Kostensituation noch an der Nachfrage orientiert. **Beispiel:** Leitpreisverhalten kann man häufig bei Tankstellen feststellen. Sobald das erste Mineralölunternehmen die Preise verändert, folgen die anderen sowie die freien Tankstellen mit ähnlichen Preisänderungen.

Für *neue Produkte* kommt entweder eine Abschöpfungsstrategie oder eine Marktdurchdringungsstrategie in Frage (► Abbildung 12, S. 22). Bei *reifen Märkten* wird der Preiswettbewerb zunehmend härter; man kann diesen wählen (Kostenführerschaft) oder durch eine Differenzierungs- oder Konzentrationsstrategie zu umgehen versuchen (► S. 29 f.).

1. **Abschöpfungsstrategie.** Das Produkt wird zu einem hohen Preis eingeführt, so dass zunächst Kunden aus dem preisunelastischen Segment kaufen. Im Laufe der Zeit werden die Preise gesenkt, um auch Kunden aus den anderen Segmenten zu gewinnen. Dieses Verfahren bietet sich bei einzigartigen Produkten ohne Wettbewerber an.

2. **Marktdurchdringungsstrategie.** Das Produkt wird von Anfang an zu einem niedrigen Preis angeboten, um schnell Marktanteile zu gewinnen und eine starke Marktposition aufzubauen *(Präemption).* Diese Strategie ist bei starker Konkurrenz sinnvoll. Ein aktuelles Beispiel ist das IPAD 3 von APPLE.

3. **Preiswettbewerb.** In reifen Märkten treten die Anbieter zunehmend in Preiswettbewerb. Der Preiswettbewerb folgt allerdings komplizierten Gesetzmäßigkeiten, weil die Anbieter sich oft in einem Prozess der strategischen Interaktion befinden (► S. 12). Ein Konkurrent kann proportional, überproportional, überhaupt nicht oder entgegengesetzt reagieren. Auch das Kundenverhalten ist keinesfalls eindeutig. Eine Preissenkung muss nicht zu größerer Nachfrage führen, da Kunden mit einem bestimmten Preis auch bestimmte Qualitätsvorstellungen verbinden. Die Kunden könnten ebenfalls denken, dass der Preis noch weiter fallen wird und abwarten. Analog muss eine Preiserhöhung nicht unbedingt zu Nachfrageeinbußen führen (*Snobeffekt;* ► **MIKRO-ÖKONOMIK,** 4. Auflage 2011, Abschnitt 2.5.1).

4.2.2 Konditionenpolitik

Die **Konditionenpolitik** umfasst die Gestaltung von Kreditbedingungen, Rabatten sowie Liefer- und Zahlungsbedingungen.

- **Kreditbedingungen.** Sie sollen den Verkauf fördern. Finanzierungshilfen kommen z. B. in der Form von Konsumentenkrediten, der Alleinfinanzierung, der Refinanzierung, der Drittfinanzierung und des Leasing vor (► **FINANZIERUNG,** 7. Auflage 2012, Abschnitte 2.1.2.2 und 2.3.1).
  - *Konsumentenkredite* kommen häufig bei Automobilhändlern vor. Beispielsweise betreiben die meisten Pkw-Hersteller eigene Kreditbanken.
  - Bei der *Alleinfinanzierung* werden die Finanzmittel alleine vom Lieferanten bereitgestellt.

- Bei der *Refinanzierung* gibt der Lieferant dem Kunden einen Kredit und lässt sich die entsprechende Summe von einer Bank finanzieren.
- Bei der *Drittfinanzierung* hat der Lieferant nur eine Kreditmittlerfunktion.
- Beim *Leasing* vermietet das liefernde Unternehmen die Nutzung seines Gutes mit oder ohne zusätzliche Dienstleistungen.

- **Rabatte** sind Preisnachlässe, die für bestimmte Leistungen des Abnehmers gewährt werden. Sie haben das Ziel, die Absatzmengen zu erhöhen, die Auftragsabwicklung zu rationalisieren, die zeitliche Verteilung des Auftragseingangs zu steuern sowie bei hochpreisigen Gütern das Image zu sichern und dennoch preiswert anbieten zu können. Rabatte haben viele positive Funktionen; sie verringern aber auch die Markttransparenz und können dann zu einem Problem für den Verbraucher werden. Es existieren u.a. Funktionsrabatte, Mengenrabatte, Zeitrabatte und Treuerabatte (▶ auch **KOSTEN- UND LEISTUNGSRECHNUNG,** 9. Aufl. 2012, Abschnitt 2.4).
  - *Funktionsrabatte* werden für spezifische Leistungen des Abnehmers gewährt (wenn der Abnehmer Händler ist, z.B. Vorratshaltung, Beratung, Lieferung, Montage).
  - *Mengenrabatte* sollen zur Bestellung größerer Mengen anregen und die Abwicklungskosten je Stück senken. Mindermengenzuschläge sollen dasselbe Ziel bewirken.
  - *Zeitrabatte* sollen die Produkteinführung oder den Ausverkauf beschleunigen.
  - *Treuerabatte* werden oft umsatzstarken Kunden gewährt, die über einen langen Zeitraum bei einem bestimmten Lieferanten einkaufen.

- **Liefer-** und **Zahlungsbedingungen** sind ein weiterer Bestandteil der Konditionenpolitik.
  - *Lieferbedingungen* regeln den Gefahrenübergang, die Fracht- und Verpackungskosten, die Umtauschbedingungen, Zeitpunkt und Ort der Lieferung sowie Vertragsstrafen bei Nichteinhaltung von Bedingungen.
  - *Zahlungsbedingungen* legen Zahlungstermine, Zahlungswege, Sicherheiten und Skontohöhe fest.

4.3 Distributionspolitik

Die **Distributionspolitik** umfasst alle Entscheidungen und Handlungen, welche den Weg des Produkts vom Produzenten bis zum Endverkäufer beeinflussen. Die Auswahl der Absatzwege, der Transportwege und der Lagerhaltungsmethoden fallen in dieses Gebiet. Die Distributionspolitik steht im Dienst der Ziele Gewinn, Umsatz, Marktanteil, Handelsspanne, Distributionsgrad, Image des Absatzkanals, Kontrolle über den Absatzkanal und Flexibilität des Absatzkanals. Von besonderer Bedeutung sind physische Distribution, akquisitorische Distribution sowie der Distributionsgrad.

- **Physische Distribution** ist die Beförderung eines Produkts bis zum Ort der Bestimmung.

- **Akquisitorische Distribution** ist die Auswahl geeigneter Absatzmittler, um möglichst günstige Chancen für den Absatz eines Produkts zu schaffen.

- **Distributionsgrad** (Ubiquität) ist die Verbreitung (Erhältlichkeit) eines Produktes beim Handel.

Ein Anbieter kann zwischen verschieden langen Absatzkanälen auswählen. Dabei ist maßgeblich, wie viele Handelsstufen sich zwischen Produzent und Verbraucher befinden. Es wird zwischen der direkten und der indirekten Absatzmethode unterschieden.

- Der direkte Verkauf des Produzenten an den Endverbraucher wird als **direkte Absatzmethode** bezeichnet. Vorteilen wie Unmittelbarkeit und größerer Kontrolle stehen Nachteile wie fehlende Ubiquität, höhere Kosten für Logistik und größere Konjunkturanfälligkeit gegenüber.

- Die Einschaltung von Absatzmittlern (z. B. Großhändlern, Einzelhändlern) führt zur **indirekten Absatzmethode.** Den Kosten der Absatzmittler stehen folgende Vorteile gegenüber:

  - *Promotion.* Ein Absatzmittler, der nicht an ein bestimmtes Produkt gebunden ist, kann dieses Produkt glaubwürdiger anbieten.

  - *Kontaktanbahnung.* Ein Absatzmittler kann oft potentielle Kunden identifizieren.

  - *Marktforschung.* Die größere Marktnähe des Absatzmittlers erlaubt eine bessere Marktforschung.

  - *Selektion.* Absatzmittler wählen Produkte und Produktmengen marktgerecht aus.

  - *Verhandlung.* Sie verhandeln auch mit den Kunden.

  - *Finanzierung.* Absatzmittler beschaffen und setzen Finanzmittel ein, um den Distributionskanal funktionsfähig zu erhalten.

  - *Risikoübernahme.* Absatzmittler übernehmen einen Teil des Geschäftsrisikos, insbesondere im Handel.

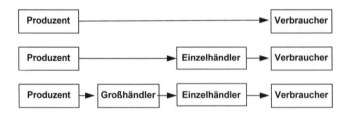

Abbildung 24. Verschiedene Absatzkanäle

In **Abbildung 24** werden verschiedene Absatzkanäle dargestellt. Viele Produkte werden nur über ganz bestimmte Kanäle vertrieben – Autos z. B. durch Automobilhändler. So ist es noch wenigen Automobilherstellern in den Sinn gekommen, ihre Produkte im Kaufhaus anzubieten.

Absatzkanäle können unterschiedlich strukturiert sein und haben verschiedene Mitglieder. Innerhalb der etablierten Kanäle gibt es sechs verschiedene Rollen, welche von Teilnehmern eingenommen werden können:

1. **Insider** sind die Mitglieder des dominanten Absatzkanals, welche bevorzugten Zugang zu Lieferquellen haben. Sie verteidigen den Status quo und die Usancen der Branche. Dies sind z. B. alteingesessene Automobil-Vertragshändler.

2. **Streber** wollen Insider werden. Sie genießen zwar nicht alle Vorteile der dominanten Insider, aber sie halten sich an den Code. Eine neugegründete Automobil-Vertragshandlung könnte ein solcher Streber sein.

3. **Komplementäre** erfüllen Aufgaben, welche den Insidern und Strebern nicht attraktiv genug sind. Im Automobilverkauf dominieren z. B. die alteingesessenen Vertragshändler (Insider). Gebrauchtwagenhandlungen erfüllen eine komplementäre Aufgabe.

4. **Vorübergehende Mitglieder** stehen außerhalb des dominierenden Kanals und suchen auch keine Mitgliedschaft. Sie partizipieren, wenn sich eine Gelegenheit ergibt, haben aber keine langfristigen Absichten, so z. B. einige „Gebrauchtwagenhändler" während der letzten Monate der DDR 1989/1990.

5. Die **außenstehenden Innovateure** sind die wirklichen Herausforderer für etablierte Distributionskanäle. So hat die amerikanische Kosmetikfirma AVON einfach den Einzelhandel umgangen und mit einer großen Anzahl freier Mitarbeiter – den „AVON-Ladies" – einen der größten Direktvertriebe der Welt aufgebaut.

6. Der **Kapitän** eines Absatzkanals ist das dominante Mitglied im jeweiligen Kanal. In der Autoindustrie sind es normalerweise die Hersteller; im Handel können aber auch große Kaufhäuser diese Position einnehmen.

Die Wahl des geeigneten Absatzkanals wird von sechs Faktorengruppen bestimmt: kundenbezogenen Faktoren, produktbezogenen Faktoren, Charakteristika des Absatzkanals, Charakteristika der Wettbewerber, unternehmensbezogenen Faktoren und Umweltfaktoren.

1. **Kundenbezogene Faktoren** sind Anzahl der Kunden, geographische Verteilung der Kunden, Einkaufsgewohnheiten der Kunden und Aufgeschlossenheit gegenüber den Verkaufsmethoden. Wenn die Kunden z. B. häufig kleine Mengen kaufen, werden lange Verkaufskanäle benötigt. Dasselbe gilt, wenn eine große oder weit verstreute Kundengruppe erreicht werden soll.

2. **Produktbezogene Faktoren** sind Erklärungsbedürftigkeit des Produktes, Bedarfshäufigkeit, Lagerfähigkeit und Transportempfindlichkeit. Verderbliche Produkte müssen schnell vertrieben werden; bei sperrigen Produkten wie z. B. Baumaterial müssen die Vertriebswege möglichst kurz sein; bei Produkten mit hohen Gewinnspannen (Value-added-products) kann sich der individuelle Vertrieb (z. B. durch Handelsreisende) lohnen, weil hier dem zusätzlichen Aufwand ein hoher Mehrertrag gegenübersteht.

3. **Charakteristika des Absatzkanals** zeigen die Stärken und Schwächen verschiedener Kanäle auf, welche sich in den jeweiligen Fähigkeiten zur Promotion, Verhandlung, Lagerung, Kontaktanbahnung und Finanzierung unterscheiden. Oft ist ein Kanal besonders gut für eine Funktion geeignet, aber schlecht für eine andere. Eine Großhandlung kann z. B. gut die Lagerhaltungs- und Finanzierungsfunktionen erfüllen, sie wird aber in Kontaktanbahnung oder Promotion schwächer sein.

4. **Charakteristika der Wettbewerber** sind Anzahl, Stärke und Strategie der Wettbewerber sowie Anzahl, Gestaltung und Distribution von Konkurrenzprodukten. Manche Anbieter suchen den Wettbewerb („Konkurrenz belebt das Geschäft"). So ist z. B. BURGER KING oft in der Nähe von MCDONALDS zu finden. Andere Anbieter meiden den Wettbewerb.

5. **Unternehmensbezogene Faktoren** sind Größe, Finanzkraft, Erfahrungen, Stärken und Schwächen eines Unternehmens. So ist DAIMLER primär ein Produktionsunternehmen, betreibt jedoch mit 105 MERCEDES-BENZ-Niederlassungen und Zweigbetrieben ein umfangreiches Netz für Verkauf und Kundendienst. Hinzu kommen 27 Großvertreter, 498 Vertreter und 638 Vertragswerkstätten. Damit wird weiteres Vertriebs- und Service-Know-how erschlossen; und den Kunden werden Alternativen zur Verfügung gestellt.

6. Schließlich spielen **Umweltfaktoren** eine wichtige Rolle. Im Falle einer ungünstigen Konjunkturlage wird man versuchen, einen Absatzkanal zu finden, der möglichst wenig Kapital bindet. Im Falle des Aufschwungs wird man eher Wert darauf legen, alle Kundengruppen zu erreichen. Rechtliche Regelungen schließen bestimmte Kanäle aus – z.B. Handelsunternehmen in reinen Wohngebieten.

Verschiedene Einzelhandelstypen haben jeweils spezifische Stärken und Schwächen, die in der folgenden Tabelle zum Ausdruck kommen.

Einzelhandelstyp Leistungsschwerpunkt	Spezial- geschäft	Fach- geschäft	Waren- haus	Verbrau- chermarkt	Dis- counter
Sortimentstiefe	hoch	mittel	mittel	gering	gering
Sortimentsbreite (branchenbezogen)	mittel	hoch	mittel	gering	gering
Sortimentsniveau	hoch	mittel	mittel	gering	gering
Präsentationsaufwand	hoch	mittel	mittel	gering	gering
Image	hoch	mittel	mittel	gering	gering
Segmentspezifität (Zielgenauigkeit)	hoch	mittel	gering	gering	mittel
qualifiziertes Verkaufspersonal	hoch	mittel	gering	gering	gering
preisaktives Verhalten	gering	gering	hoch	hoch	hoch
Bereitschaft zu gemeinsamen Marketingaktionen	gering	gering	hoch	mittel	mittel
Umschlagsgeschwindigkeit	gering	gering	mittel	mittel	hoch

Abbildung 25. Leistungsschwerpunkte verschiedener Einzelhandelsformen

Für die Distribution stehen drei Strategien zur Verfügung: intensive Distribution, exklusive Distribution und selektive Distribution:

1. **Intensive Distribution** ist die möglichst weite Verbreitung eines Produktes. Sie kommt bei Bequemlichkeitsgütern vor (z.B. Grundnahrungsmitteln, ▶ S. 15).

2. **Exklusive Distribution** liegt vor, wenn nur eine begrenzte Anzahl von Händlern das Recht erhält, ein Produkt zu vertreiben. Autos und bestimmte Kleidung werden z.B. durch exklusive Distribution vertrieben. Der Produzent erhofft sich eine bessere Kontrolle der Absatzmittler, höhere Verkaufsanstrengungen und bessere Produktkenntnis. Oft wird die exklusive Distribution mit der Bedingung verknüpft, die Produkte der Konkurrenten nicht in das Programm aufzunehmen.

3. **Selektive Distribution** ist eine Zwischenform, bei der z.B. in bestimmten Teilmärkten intensiv distribuiert wird.

Abbildung 26 gibt weitere Klassifizierungsmöglichkeiten im Handel wieder. Im linken Quadraten werden verschiedene Handelstypen nach Umschlagshäufigkeit und Gewinnspanne klassifiziert (▶ **BILANZEN,** 7. Auflage 2012, Abschnitt 4.2.2). Im rechten Quadrat erfolgt eine Klassifizierung nach Größe der Verkaufsfläche und Breite des Produktsortiments.

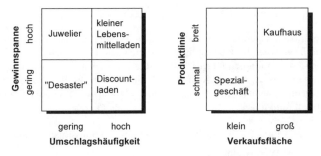

Abbildung 26. Klassifizierungsmöglichkeiten im Handel

4.4 Kommunikationspolitik

Die **Kommunikationspolitik** ist der vierte Bestandteil des Marketing-Mix. Jedes Unternehmen kommuniziert mit seinen Kunden – persönlich oder unpersönlich, direkt oder indirekt, bewusst oder unbewusst. Ziel einer marktgerechten Kommunikation sollte es sein, effizient und zieladäquat das Zielsegment anzusprechen. Eine dementsprechende Kommunikationspolitik besteht aus den Elementen Werbung, persönlichem Verkauf, Verkaufsförderung und Publizität (▶ Abbildung 27).

1. **Werbung** ist bezahlte, nichtpersönliche Präsentation und Bekanntmachung von Ideen, Gütern oder Dienstleistungen durch einen identifizierbaren Sponsor (**Beispiele:** Fernsehspots, Kinowerbung, Anzeigen).

2. **Persönlicher Verkauf** ist die Präsentation im Gespräch mit Verkaufszweck (**Beispiel:** Vertreterbesuch).

3. **Verkaufsförderung** sind kurzfristige Anreize, die den Verkauf eines Produktes oder einer Dienstleistung stimulieren sollen (**Beispiele:** Displays im Laden, Sommerschlussverkauf).

4. **Publizität** (Public relations) ist die Schaffung eines guten Unternehmensimages oder die nichtpersönliche Weckung von Nachfrage nach einem Produkt durch das Verbreiten von Nachrichten in Zeitungen, im Radio oder im Fernsehen, welche nicht vom Sponsor bezahlt wurden (**Beispiel:** ein Artikel in der Tagespresse über ein neues Buch).

Werbung	Verkaufsförderung	Publizität	Persönlicher Verkauf
• gedruckte Anzeigen • Radio-/Fernsehwerbg. • Zeitungsbeilagen • Verpackungsbeilagen • Mailing-Aktionen • Kataloge • Filme • Poster, Flugblätter • Displays • Audiovisuelle Werbung	• Wettbewerbe • Preisausschreiben • Prämien • Testangebote • Messen • Ausstellungen • Coupons • Lieferantenkredite • Sonderangebote • Konditionen	• Pressemappen • Reden • Seminare • Jahresberichte • Spenden • Artikel • Pressekontakte	• Verkaufsstellen • Verkaufsprä- sentationen • Proben • Muster

Abbildung 27. Die Elemente der Kommunikationspolitik

Abbildung 28 zeigt die spezifischen Vor- und Nachteile dieser vier Elemente.

Mit der Kommunikationspolitik werden vier Ziele verfolgt. Zunächst einmal müssen *Aufmerksamkeit* und *Bewusstsein* für ein bestimmtes Produkt geweckt werden. Bei der hohen Informationsüberflutung in der modernen Gesellschaft ist dies keine leichte Aufgabe. Das nächste Ziel ist die *Kenntnis* eines Produktes. Aus der Kenntnis soll die *Präferenz* für das Produkt folgen. Das lässt sich erreichen, wenn systematisch die Vorteile und Stärken des Produkts präsentiert werden. Schließlich sollte ein *Kauf* folgen.

Die allgemeine Fragestellung für die Analyse einer Kommunikationssituation lautet:

- *Wer* (Unternehmen, Werbetreibender)
- *sagt was* (Werbebotschaft)
- *unter welchen Bedingungen* (Umweltsituation)
- *über welche Kanäle* (Medien, Werbeträger)
- *zu wem* (Zielperson, Empfänger, Zielgruppe)
- *mit welchen Wirkungen* (Werbeerfolg)?

Die Kommunikationsforschung kann bei der Analyse dieser Prozesse helfen. Die folgenden Begriffe werden in der Kommunikationsforschung häufig verwendet:

- Die **Informationsquelle** sendet die Botschaft aus. Hier werden Ziel und Strategie zur Zielerreichung festgelegt.

- Die **Nachricht** oder **Botschaft** wird über einen **Sender** vermittelt. Dazu muss sie in Signale umgesetzt und über Werbeträger (Medien) verbreitet werden.

- Auf dem Weg zum Empfänger können **Störungen** auftreten. Diese können durch Konkurrenten, die Umwelt oder auch das Wahrnehmungssystem des Empfängers verursacht werden.

- Der **Empfänger** sollte den Inhalt der Botschaft entschlüsseln und sich entsprechend verhalten.

- Schließlich tritt eine **Rückkoppelung** auf: Die Verhaltensänderung des Empfängers (oder das Ausbleiben einer Verhaltensänderung) veranlasst den Werbetreibenden, seine Strategie beizubehalten oder zu verändern.

Bei der Gestaltung des Inhalts der Werbebotschaft sind viele Aspekte zu berücksichtigen. Der Inhalt sollte nach Möglichkeit die *Stärken* oder die *Einzigartigkeit* des Produktes hervorheben. Dies ist der **Appell** (das Thema, die Idee, die Unique selling proposition [USP]) der Werbebotschaft.

- *Rationale Appelle* versuchen, das Eigeninteresse des Publikums zu wecken. Sie können z.B. die Qualität, das Preis-Leistungsverhältnis oder die Sparsamkeit des Produktes betonen. Für Investitionsgüter und größere Konsumgüter sind rationale Appelle oft wirksam, da die Käufer hier viel Zeit auf die Analyse der Fakten verwenden (▶ S. 15). Ein Beispiel ist die frühere Werbung von AUDI („Vorsprung durch Technik").

- *Emotionale Appelle* versuchen, positive oder negative Emotionen zu wecken. Bei Zahnpasta wird häufig mit Furcht vor Karies gearbeitet. Obwohl negative Emotionen effektive Werbebotschaften sein können, sind sie riskant, da negative Nachrichten gerne gemieden werden (Dissonanz-reduzierendes Verhalten, ▶ S. 15). Meistens wirken positive Botschaften besser, die an Eitelkeit, Stolz oder Genusssucht appellieren.

- *Moralische Appelle* sind bei Gütern des täglichen Gebrauchs selten, kommen aber vor, so z.B. bei Ökoprodukten.

Werbung	Verkaufsförderung	Publizität	Persönlicher Verkauf
Vorteile			
• öffentlich • allgegenwärtig • standardisiert • spricht große Gruppen an („Wir-Gefühl") • Möglichkeit zur Überzeichnung der Realität	• schnell • effektiv • unmittelbare Kaufanreize	• glaubwürdig • keine emotionalen Vorbehalte des Empfängers • billig	• gute Reaktion auf individuelle Bedürfnisse • Aufbau von Beziehungen • Rückkoppelung
Nachteile			
• unpersönlich • schlechte Rückkoppelung • wenig verpflichtend • geringe Zielgenauigkeit	• kurzfristig • schafft keine Loyalität • oft teuer • Konditionen	• schwer zu steuern • kann sich ins Gegenteil verkehren	• sehr teuer

Abbildung 28. Vor- und Nachteile der Elemente der Kommunikationspolitik

5 Marktforschung

5.1 Ziele und Inhalt der Marktforschung

Marktforschung ist die *systematisch betriebene Sammlung, Strukturierung und Interpretation von Informationen über Märkte und Marktsegmente,* insbesondere die Fähigkeit dieser Märkte, Umsätze zu erzielen. Sie ist wichtig, um die Ausrichtung des Unternehmens auf Kunden und Märkte zu garantieren.

Marktforschung ist *entscheidungsorientiert.* Sie soll im Rahmen eines Zweckmäßigkeits- und Kosten-/Nutzenkalküls betrieben werden:

1. Zunächst ist das **Entscheidungsproblem** zu definieren.

2. Dann ist der **Informationsbedarf** festzulegen. Hierbei ist insbesondere zu beantworten,
   - *welche* Informationen benötigt werden,
   - *wie aktuell* die Informationen sein müssen,
   - *wie vollständig* sie sein müssen,
   - und was die Informationsgewinnung *kosten* darf.

3. Als Drittes folgt die Phase der **Informationsgewinnung.**

4. Daran schließt sich die Phase der **Informationsauswertung** an.

5. Schließlich müssen in der **Kommunikationsphase** die Ergebnisse dem Management präsentiert werden.

Das **Ziel der Marktforschung** ist *Reduzierung von Unsicherheit in Entscheidungssituationen.* Dabei ist insbesondere das Analysieren und Erkennen von Angebots- und Nachfragefunktionen, Trendvariablen, Instrumentalvariablen und strategischen Schlüsselfaktoren bedeutend.

- Die **Angebotsfunktion** eines Unternehmens stellt die Menge der angebotenen Waren und Dienstleistungen in Abhängigkeit des Einsatzes bestimmter Instrumente und der Umweltzustände dar. So ist anzunehmen, dass ein Unternehmen die Produktion ausdehnen würde, wenn es einen höheren Preis für seine Produkte erzielen könnte oder eine kostengünstigere und leistungsfähigere Technologie einsetzen könnte. (Hier sind allerdings interne Daten und nicht Marktdaten entscheidend.)

- Die **Nachfragefunktion** stellt die Nachfrage nach Waren und Dienstleistungen in Abhängigkeit von verschiedenen Variablen dar. Es ist z.B. anzunehmen, dass mehr Autos gekauft würden, wenn der Preis für Autos drastisch sinken würde. Für die Analyse von Angebots- und Nachfragefunktionen ist auch die Kenntnis der Elastizitäten wichtig (▶ S. 41). Normalerweise sollten sich Angebot und Nachfrage beim Gleichgewichtspreis ausgleichen (▶ S. 10). Neben dem Preis beeinflussen aber auch andere Variablen (**Beispiele:** Werbung, Technologie, Konjunktur) Angebot und Nachfrage.

- **Trendvariablen** sind langfristig festgelegte Variablen, auf welche das Unternehmen und die Wettbewerber keinen oder wenig Einfluss haben (**Beispiel:** Trend zu Einpersonenhaushalten).

- **Instrumentalvariablen** können vom Unternehmen oder den Konkurrenten beeinflusst werden (**Beispiele:** die Elemente des Marketing-Mix: Produkt, Entgelt, Distribution, Kommunikation).

- **Strategische Schlüsselfaktoren** sind Faktoren, welche die Angebots- oder Nachfragefunktion in einer bestimmten Entscheidungssituation besonders beeinflussen. Diese Faktoren gilt es, herauszufinden und zu nutzen. In reifen Märkten (▶ S. 23) ist oft der Preis (**Beispiel:** einfache Handys), bei Dienstleistungsmärkten oder bei neuen Produkten sind oft die speziellen Präferenzen der Nachfrager wichtiger (**Beispiel:** Smartphones).

Im Zusammenhang mit dem Begriff „Markt" werden in der Marktforschung eine Vielzahl von Unterbegriffen verwendet, welche alle eine spezifische Bedeutung haben:

- Der **relevante Markt** ist derjenige Teilmarkt, auf dem sich ein Unternehmen mit seinen Produkten oder Dienstleistungen bewegt. Es ist nicht immer einfach, den relevanten Markt genau zu definieren. Umweltveränderungen – Konkurrenten, Ersatzprodukte, ordnungspolitische Veränderungen oder neue Kundenpräferenzen – sorgen dafür, dass die Marktsituation sich ständig verändert und machen eine periodische Überprüfung des relevanten Marktes notwendig (▶ Beispiel S. 26).

- Das **Marktpotential** ist der maximal mögliche Umsatz für ein Produkt oder eine Dienstleistung durch alle relevanten Anbieter.

- Das **Marktvolumen** ist der durch alle Anbieter tatsächlich realisierte Umsatz. Man kann es auch aus der Zahl der Käufer und deren durchschnittlicher Kaufhäufigkeit berechnen.

- Das **Absatzpotential** ist der durch ein bestimmtes Unternehmen maximal erzielbare Umsatz, das **Absatzvolumen** der durch ein bestimmtes Unternehmen tatsächlich erzielte Umsatz.

- Der **Marktanteil** ist der Quotient von Absatzvolumen und Marktvolumen.

5.2 Methoden der Informationsgewinnung

Die **Grundgesamtheit** ist die Gesamtmenge der für die Untersuchung interessanten Objekte, für eine Wahlerhebung z.B. die Menge aller wahlberechtigten Bürger. Bei einer **Vollerhebung** werden alle Einheiten der Grundgesamtheit betrachtet, bei einer **Teilerhebung** wird nur eine *Stichprobe* untersucht. Die Marktforschung kann nach Bezugszeitraum, Art des Untersuchungsobjektes und Art der Informationsgewinnung klassifiziert werden.

1. **Bezugszeitraum.** Man kann zwischen (laufender) *Beobachtung* und (stichpunktbezogener) *Erhebung* unterscheiden. Bei der Beobachtung wird häufig ein sogenanntes *Panel* gewählt. Dies ist eine Gruppe von Personen, Haushalten oder Betrieben, die sich kontinuierlich befragen lässt und/oder selbst Aufzeichnungen vornimmt. Ein Nachteil der Panelmethode liegt darin, dass die Beobachtung selber Verhaltensänderungen auslösen kann. Sehr wohlhabende oder sehr arme Haushalte werden ebenfalls unzureichend erfasst.

2. **Untersuchungsobjekt.** Hier ist das Untersuchungsobjekt oder die Art der analysierten Zusammenhänge das Klassifikationskriterium. Mann kann zwischen demoskopischer und ökoskopischer Marktforschung unterscheiden.

   a) *Demoskopische Marktforschung* ist subjektbezogen. Man erfragt Motive, Präferenzen und Meinungen und versucht, Zusammenhänge mit bestimmten demographischen Merkmalen herzustellen (▶ S. 13).

   b) *Ökoskopische Marktforschung* erforscht die Zusammenhänge zwischen „objektiven" Marktgrößen wie Preisen, Umsatz, Menge, Qualität oder Charakteristika von Kunden.

3. **Art der Informationsgewinnung.** Wichtig ist die Unterscheidung zwischen Primärforschung und Sekundärforschung (▶ Abbildung 29).

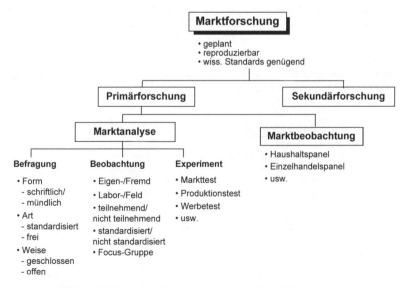

Abbildung 29. Arten der Informationsgewinnung in der Marktforschung

a) *Primärforschung* ist die Neuerhebung von Datenmaterial zu einem bestimmten Zweck. Es ist zwischen Marktanalyse und Marktbeobachtung zu unterscheiden. Eine **Marktanalyse** kann als Befragung, Beobachtung, Experiment oder Focus-Gruppe durchgeführt werden.

- Die mündliche oder schriftliche *Befragung* ist die häufigste Art der Primärforschung. Bei der mündlichen Befragung ist weiter zwischen Telefoninterview und direktem Interview zu unterscheiden. Sie kann frei oder strukturiert sein. Die *freie Befragung* gibt dem Befragenden die Möglichkeit, „nachzuhaken", setzt aber mehr Kenntnisse und bessere Schulung voraus. Auch sind die Ergebnisse schwerer vergleichbar. Die *strukturierte Befragung* (etwa mit Hilfe eines Fragebogens und vorgegebenen Multiple-choice-Antworten) ist standardisiert, leichter durchzuführen und statistisch besser auswertbar. Manchmal erfasst sie aber wichtige Zusammenhänge nicht. Deswegen ist oft ein sogenannter *Pretest* sinnvoll, bei dem die strukturierte Befragung zunächst in einem kleinen Umfang getestet wird.

- *Beobachtungen* sind im Labor (mit einer Testgruppe) oder im Feld (z. B. im Kaufhaus) möglich. Der Beobachter kann dabei an der Aktivität der Beobachteten teilnehmen oder sich im Hintergrund halten. Die Teilnahme hat den Vorteil, mehr Informationen zu gewinnen und die Situation „steuern" zu können, kann aber auch die Ergebnisse verfälschen.

- Beim *Experiment* variiert der Marktforscher bestimmte Testvariablen bewusst. Soll eine neue Produktvariante direkt getestet werden *(Produkttest),* geschieht dies meist auf einem repräsentativen Testmarkt, nicht dem Gesamtmarkt. Dadurch sollen die Risiken minimiert werden. Ein anderer häufiger Test ist der *Werbetest,* bei dem die Werbemaßnahmen auf einem Testmarkt gezielt verändert werden.

- In der *Focus-Gruppe* diskutieren Mitglieder, welche bestimmten demographischen oder psychographischen Kriterien entsprechen, unter Leitung eines erfahrenen Diskussionsleiters längere Zeit über ein bestimmtes Thema, z. B. über Gefrierkost. Man erhofft sich, dass die freie Diskussion – ähnlich einem Brainstorming – zu neuen Erkenntnissen führt.

Beim *Panel* **(Marktbeobachtung)** werden die Entscheidungen einer bestimmten Gruppe (Panel) über einen bestimmten Zeitraum festgehalten. **Beispiel:** Beim Haushaltspanel werden die Kaufentscheidungen durch die entsprechenden Haushaltsvorstände notiert und später ausgewertet.

b) *Sekundärforschung* (Desk research) ist die Auswertung vorhandenen Materials und vorhandener Informationen (▶ Abbildung 30).

Externe Quellen	Interne Quellen
• Amtliche Statistiken	• Umsatzstatistik
• Statistiken von Branchenverbänden	• Auftragsstatistik
• Marktforschungsinstitute	• Kosten- und Leistungsrechnung
• wissenschaftliche Arbeiten	• Kundenkartei
• Fachpresse	• Kundenkorrespondenz
• Tagespresse	• Kundenbeschwerden
• Jahresberichte	• Vertreterberichte
• Prospekte, Kataloge	• Berichte des Einkaufs
• Adressenbüros	• Kundendienstberichte
• Messebesuche	
• Datenbanken	

Abbildung 30. Quellenmaterial für die Sekundärforschung

5.3 Methoden der Informationsauswertung

Daten können mit Hilfe qualitativer und quantitativer Methoden ausgewertet werden.

1. Die **qualitative Auswertung** steht oft am Anfang der Marktforschung, bevor genauer definierte quantitative Untersuchungen erfolgen. Sie hilft, Strategien zu identifizieren. **Beispiel:** Welche Unternehmen in der Bekleidungsbranche bieten welche Produkte zu welchen Preisen an?

2. Bei der **quantitativen Auswertung** werden zahlenmäßig fassbare Merkmalsausprägungen oder Zusammenhänge beschrieben (**Beispiel:** ► Abbildung 31). Die quantitative Auswertung bietet sich an, wenn die Fragestellung genau definiert ist und wenn Prognosen gestellt werden sollen. Hierzu müssen Merkmalsausprägungen *skalierbar* sein.

   a) Bei der *nominalen Skalierung* werden Objekte in Klassen eingeordnet, je nachdem, ob sie ein bestimmtes Merkmal aufweisen oder nicht. **Beispiel:** alle weißen, grünen, gelben und andersfarbigen Häuser. Hier stehen die Merkmale „gleichberechtigt" nebeneinander.

   b) Bei der *ordinalen Skalierung* kann eine Rangfolge der Merkmalsausprägungen festgestellt werden. **Beispiel:** Konsumenten einer bestimmten Gruppe bevorzugen die Marke BMW gegenüber SEAT; und SEAT gegenüber DACIA.

   c) Die *kardinale Skalierung* erlaubt schließlich die „exakteste" Deutung von Merkmalsausprägungen anhand von Kennziffern. **Beispiel:** Haushalte der Gruppe A geben im Durchschnitt 2.800,– € pro Jahr für Bekleidung aus, Haushalte der Gruppe B 4.600,– €.

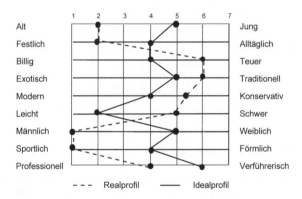

Abbildung 31. Darstellung skalierter Daten am Beispiel des Präferenzprofils für ein Parfum

Skalierte Daten können mit Hilfe der Dependenz- oder Interdependenzanalyse untersucht werden.

1. Bei der **Dependenzanalyse** wird versucht, ursächliche Zusammenhänge herauszufinden. **Beispiel:** Wie wirkt sich eine Erhöhung des Einkommens auf die Kaufgewohnheiten für ein bestimmtes Produkt aus? Für die Dependenzanalyse stehen die statistischen Methoden der Varianzanalyse, der Regressionsanalyse, der Diskriminanzanalyse und der Kontingenzanalyse zur Verfügung.

2. Bei der **Interdependenzanalyse** versucht man, bestimmte Gruppierungen von Objekten zu identifizieren. **Beispiel:** Man hat 2.000 Käufer eines bestimmten Produktes interviewt und

möchte nun Gruppen von „ähnlichen" Käufern identifizieren. Für die Interdependenzanalyse stehen die statistischen Methoden der Korrelationsanalyse, der Faktorenanalyse und der Clusteranalyse zur Verfügung.

5.4 Methoden der Markt- und Absatzprognose

Ein Hauptziel der Marktforschung ist die **Markt-** und **Absatzprognose.** Markt- und Absatzprognosen versuchen, die Abhängigkeit von Markt- oder Absatzvolumina vom Zeitverlauf oder bestimmten Variablen (z. B. dem Einsatz von Marketingmaßnahmen) darzustellen. Prognosen können in der Form der Entwicklungsprognose oder der Wirkungsprognose erstellt werden.

1. Die **Entwicklungsprognose** zeigt Entwicklungstrends auf. Sie hat die allgemeine Form:

$$y_t = f(t) + u_t \quad \text{mit} \quad y_t = \text{Absatz}, \ t = \text{Zeit}, \ u_t = \text{Störgröße} \tag{1}$$

Entwicklungsprognosen werden oft in der Form der **Trendextrapolation** abgegeben, bei welcher Annahmen über die Fortsetzung gegenwärtiger Trends in der Zukunft gemacht werden. Eine solche Trendextrapolation kann manchmal erstaunlich gute Dienste für die langfristige Entwicklung eines Gesamtmarktes leisten. So lassen sich langfristige Entwicklungen von Gesamtmärkten (z. B. Automobilindustrie, Telefondienstleistungen) mathematisch gut fassen. Für die Prognose von Absatzvolumina in begrenzten Teilmärkten, Marktsegmenten oder über kürzere Zeiträume ist die Trendextrapolation aber logisch unbefriedigend, da sie den Einfluss einzelner Faktoren nicht berücksichtigt.

2. Die **Wirkungsprognose** zeigt den Absatz in Abhängigkeit von bestimmten Variablen (z. B. die Variable x = Einsatz eines Marketinginstruments) auf. Sie hat die allgemeine Form:

$$y_t = f(x) + u_t \quad \text{mit} \quad y_t = \text{Absatz}, \ x = \text{Variable}, \ t = \text{Zeit}, \ u_t = \text{Störgröße} \tag{2}$$

5.5 Marketinginformationssysteme

Ein **Marketinginformationssystem** besteht aus Personen, technischen Einrichtungen und Verfahren zur Gewinnung, Zuordnung, Analyse, Bewertung und Weitergabe zeitnaher und zutreffender Informationen, die dem Entscheidungsträger bei Marketingentscheidungen helfen. Es besteht aus dem innerbetrieblichen Informationssystem, dem Marketing-Nachrichtensystem und dem Marketingforschungssystem. Das Marketinginformationssystem umfasst damit mehr als die reine Marktforschung.

- Das *innerbetriebliche Informationssystem* ist die systematische Sammlung der innerbetrieblichen Daten. Wichtig für das Marketinginformationssystem sind z. B. Daten über Auftragseingänge, Absatzmengen, Lagerbestände, Kosten- und Personalstrukturen.

- Das *Marketing-Nachrichtensystem* soll den Marketing-Verantwortlichen systematisch über relevante Veränderungen im Umfeld informieren. Ein solches System kann von der Lektüre der Tageszeitungen bis zum Aufbau komplexer Datenbanken reichen.

- *Marketingforschung* ist die systematische Anlage und Durchführung von Datenerhebungen sowie die Analyse und Weitergabe von Daten und Befunden, die in bestimmten Marketingsituationen von Unternehmen benötigt werden. Sie ist damit im Gegensatz zum innerbetrieblichen Informationssystem und zum Marketing-Nachrichtensystem problemorientiert und wird für spezifische Fragestellungen in Auftrag gegeben.

6 Marketing-Organisation und Marketing-Controlling

Strategisches und operatives Marketing befinden sich nicht in einem Vakuum, sondern müssen im Unternehmen umgesetzt werden, wo Mitarbeiter und Manager mit unterschiedlichen Interessen aufeinandertreffen. Der Aufbau einer **marketingorientierten Organisation** (▶ Abschnitt 6.1) ist notwendig, wenn die Vorschläge des strategischen Marketings realisiert werden sollen. **Marketing-Controlling** (▶ Abschnitt 6.2) kann helfen, Defizite aufzudecken und die permanente Ausrichtung des Unternehmens auf Kunden und Märkte zu realisieren.

6.1 Marketingorientierte Organisation

Marketing muss organisatorisch im Unternehmen verankert werden. In diesem Abschnitt werden die funktionale Organisationsstruktur, die Linienorganisation, die Spartenorganisation, das Produktmanagement, das Kunden- und Marktmanagement, die Matrixorganisation, das Profit Center-Konzept, Total quality management, das Just-in-time-Konzept, das Lean management, sowie das Business reengineering vorgestellt.

- Die ersten Großunternehmen im neunzehnten Jahrhundert basierten auf dem Produktions-Konzept (▶ S. 6). Innovationen hatten die industrielle Großproduktion von Gütern, z. B. bei Eisenbahnen, Chemieprodukten und Textilien ermöglicht. Essentiell für das Produktions-Konzept waren kostensparende und standardisierte Produktionsverfahren. Diesem Ziel wurde am besten eine **funktionale Organisationsstruktur** gerecht. Einkauf, Verkauf, Produktion, Forschung und Lagerhaltung waren in verschiedenen Abteilungen untergebracht. Jede dieser Abteilungen hatte ihre spezifische Funktion für alle Produkte des Unternehmens zu erfüllen – sie verteilte gleichsam ihre Leistungen auf die verschiedenen Produkte des Unternehmens.

- Die funktionale Struktur war oft mit der **Linienorganisation** verknüpft: In einem militärisch-hierarchischen Aufbau sprachen die Abteilungen nur über den Vorgesetzten für den jeweiligen Bereich miteinander. Eine solche Struktur kann nur bei starker Standardisierung der Prozesse, Abläufe und Produkte funktionieren.

- Demgegenüber ist die vom Chemiekonzern DUPONT in den 1920er Jahren eingeführte **Spartenorganisation** (divisionale Organisationsstruktur) schon ein erheblicher Fortschritt. Die verschiedenen Produktgruppen des Großkonzerns wurden jeweils einer einheitlichen Leitung unterstellt. Jetzt hatten z. B. die Bereiche Stahl und Chemikalien jeweils einen Leiter, was ein besseres Eingehen auf die Besonderheiten der jeweiligen Märkte ermöglichte. Innerhalb der einzelnen Sparten (Divisionen) existierte allerdings die Linienorganisation fort.

• Erst nach dem zweiten Weltkrieg setzte sich das **Produktmanagement** (objektorientierte Organisation) durch. Beim Produktmanagement bündelt ein *Produktverantwortlicher* die verschiedenen Unternehmensfunktionen produktorientiert und erfüllt somit eine *Querschnittsfunktion*. Dieser Produktmanager entwickelt Marketingpläne für sein Produkt, veranlasst deren Durchführung, beobachtet die Marktentwicklung und schlägt ggf. strategische Korrekturen vor.

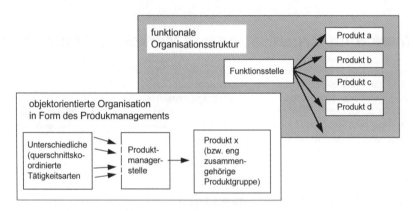

Abbildung 32. Produktbezug bei funktionaler und objektorientierter Organisation

Abbildung 32 veranschaulicht die verschiedenen Produktbezüge bei der funktionalen Organisationsstruktur und der objektorientierten Organisation in Form des Produktmanagements. Im ersten Fall ist ein Funktionsverantwortlicher (z. B. die Leiterin der Produktentwicklung) für die Entwicklung aller Produkte verantwortlich. Im zweiten Fall koordiniert der Produktmanager die verschiedenen Funktionen (Entwicklung, Produktion, Marketing) für „sein" Produkt.

Die Vorteile des Produktmanagements bestehen in einer größeren Flexibilität und Marktnähe, die Nachteile in einer größeren Unübersichtlichkeit und Kompetenzabgrenzungsproblemen. Einzelne Produktmanager konkurrieren bei Funktionsverantwortlichen, wie z. B. dem Forschungs- und Entwicklungsleiter oder dem Marketingleiter, um knappe Ressourcen. Auch die starke Identifikation des Produktmanagers mit „seinem" Produkt kann sich von einem Vorteil in einen Nachteil umkehren, wenn der Überblick für die strategische Gesamtsituation des Unternehmens gefährdet wird.

Beispiel: Interessenkonflikte zwischen Marketing und Produktion. Der Produktionsverantwortliche wünscht sich lange Vorlaufzeiten zur Produktionsumstellung, lange Produktionsläufe durch eine geringe Anzahl von Produktvarianten und Produktionsaufträge in standardisierter Form. Der Marketingverantwortliche wünscht sich kurze Vorlaufzeiten, um rasch auf Marktänderungen reagieren zu können, viele Produktversionen (was zu kurzen Produktionsläufen führt) und Produktionsaufträge nach Kundenwunsch.

• Auch beim **Kunden-** und **Marktmanagement** erfüllt der Manager eine Querschnittsfunktion. Diesmal sind aber nicht die Produkte, sondern die einzelnen Kundengruppen oder Marktsegmente das entscheidende Organisationskriterium. IBM hat dieses Modell bereits Mitte der sechziger Jahre eingeführt und sich an sechzehn Abnehmergruppen aus den verschiedenen Branchen orientiert. Für sehr wichtige Kunden werden oft auch einzelne Manager, die *Key account manager,* eingesetzt.

Die Vorteile des Kundenmanagements sind Marktnähe, Individualität, Flexibilität und schnelle Informationsflüsse. Nachteile sind Kompetenzüberschneidungen und -probleme im eigenen Unternehmen, sowie ein gewisser Hang der *Key account manager* zu Opportunismus und zur kurzfristigen Befriedigung von Kundenbedürfnissen, wodurch die Strategie eines Unternehmens gefährdet werden kann.

• Die **Matrixorganisation** (▶ Abbildung 33) versucht, die konkurrierenden Ansprüche verschiedener Managementaufgaben im Unternehmen zu lösen. Die Matrixorganisation vereint Aspekte der funktionalen Organisation, des Marktmanagements und des Produktmanagements. Die Bündelung verschiedener regionaler und funktionaler Kompetenzen erfolgt über den *Produktmanager.* Hier können auch Konflikte zwischen den Funktions- und Marktverantwortlichen auftreten. Oft werden als Produktmanager gute und überzeugungsstarke Nachwuchskräfte mit wenig formaler Autorität ausgestattet. Damit ist die Funktion des Produktverantwortlichen recht schwierig: die Verantwortung ist hoch, die selbständige Entscheidungskompetenz gering.

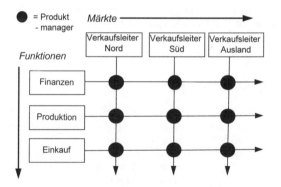

Abbildung 33. Matrixorganisation

• **Profit Center** sind rechnungstechnisch und organisatorisch abgegrenzte Teilbereiche, für welche eigene Erfolgsanalysen als Grundlage für eine erfolgsorientierte Steuerung durchgeführt werden. Im Profit Center muss also die rechnungstechnische Erfolgskontrolle möglich sein. Soll das Profit Center zur erfolgsorientierten Steuerung eingesetzt werden, muss der Manager des Centers eine weitreichende Entscheidungskompetenz haben – er muss die gewinnrelevanten Faktoren beeinflussen können. Die Profit Center-Organisation eignet sich somit insbesondere für ein dezentralisiertes Unternehmen. In Deutschland war BERTELSMANN maßgebend für die Einführung des Profit Center-Konzepts.

Sobald Produkte nicht mehr mit Marktpreisen bewertet werden können, müssen innerbetriebliche Verrechnungspreise gebildet werden. Damit kann das Bewertungssystem verzerrt werden.

Wenn aber die Preise marktgerecht gebildet werden können, Produkte oder Kundengruppen klar definierbar sind, ist das Profit Center eine Organisationsform, die wirtschaftliche Nutzung von Ressourcen, Mitarbeitermotivation, Flexibilität und Innovationsfähigkeit kombiniert.

- In den vergangenen Jahrzehnten wurde eine Reihe von Managementphilosophien von japanischen Vorbildern übernommen. Hierzu gehören das Total quality management, das Just-in-time-Konzept und das Lean management. **Total quality management** überträgt den Qualitätsgedanken auf das ganze Unternehmen und auf alle Abläufe. Das Ziel ist eine vollständige Fehlervermeidung („zero defects") durch entsprechende Schulung und Motivation der Mitarbeiter. Die permanente Qualitätsverbesserung kann dann in sogenannten „Qualitätszirkeln" geschehen. Beim **Just-in-time-Konzept** werden Prozessketten auch über das Unternehmen hinaus optimiert, insbesondere bei Zulieferern und Abnehmern. Beim **Lean management** werden nur solche Funktionen im Unternehmen gelassen, welche direkt zur Wertschöpfung beitragen. Damit werden die Unternehmenshierarchien „flacher", weil viele Kontrollfunktionen entfallen. Trotz einzelner Unterschiede zeichnen sich alle diese Konzepte durch eine starke *Prozessorientierung* – einer konsequenten Ausrichtung an der Wertschöpfungskette – aus. Jede einzelne Tätigkeit im Unternehmen wird auf Ihren direkten Nutzen für den Abnehmer (den Markt) untersucht und eliminiert, wenn sie keinen Nutzen bringt.

- In den USA wurde aufbauend auf diesen Konzepten von HAMMER und CHAMPY das **Business reengineering** entwickelt. Auch hier ist die *Prozessorientierung* maßgeblich, allerdings in Verbindung mit den Fortschritten in der Informationstechnik. Bestehende Prozess- und Wertschöpfungsketten sollen nicht nur gestrafft und optimiert werden, sondern im Zusammenspiel mit moderner Informationstechnik revolutioniert werden.

6.2 Marketing-Controlling

Marketing-Controlling ist die systematische Prüfung und Beurteilung der grundlegenden Marketingziele und -strategien sowie der eingesetzten Instrumente zur Erreichung dieser Ziele. Marketing-Controlling ermöglicht eine kritische Standortbestimmung und Rückkoppelung und führt u. U. zur Veränderungen von Zielen, Strategien und Instrumenteneinsatz. Das Controlling bezieht sich sowohl auf unternehmensexterne als auch unternehmensinterne Faktoren. In einfachen Systemen werden Ist- und Sollgrößen rückblickend verglichen und Abweichungen analysiert *(ex-post-Vergleich)*. In fortgeschrittenen Systemen soll ein permanenter Vergleich von Ist- und Sollgrößen stattfinden *(selbststeuerndes System)*.

In einer Umwelt, die durch immer kürzere Produktlebenszyklen und sich rasch verändernde Anforderungen gekennzeichnet ist, wird das Marketing-Controlling zunehmend wichtiger. Die kritische Analyse der eigenen Strategien und der Umwelt ermöglicht es, rechtzeitig auf Probleme zu reagieren. Das Marketing-Controlling wird damit zu einem entscheidenden Bindeglied zwischen dem Unternehmen und seiner Umwelt.

In der Praxis sind allerdings oft noch große Rückstände aufzuholen. Kleine Unternehmen haben häufig nur schwach ausgeprägte Controllingsysteme. In einer empirischen Untersuchung kannten weniger als die Hälfte der Unternehmen die Deckungsbeiträge ihrer einzelnen Produkte. Ein Drittel der Unternehmen hatte keinen systematischen Prozess, um schwache Produkte zu identifizieren und aus dem Programm zu nehmen (▶ S. 38). Die Hälfte der untersuchten Unternehmen unterließ es, ihre Preise mit denen der Konkurrenz zu vergleichen, die Kosten von Produktion und Logistik systematisch zu analysieren und die Effektivität von Werbung und Verkauf zu überprüfen. Berichte wurde oft zu spät und inakkurat angefertigt.

Marketing-Controlling kann in das ergebnisorientierte Marketing-Controlling sowie das Marketing-Audit unterteilt werden.

1. Bei dem **ergebnisorientierten Marketing-Controlling** wird der Unternehmenserfolg anhand bestimmter Kenngrößen wie z.B. Umsatz, Deckungsbeitrag, Marktanteil, Gewinn oder Image beurteilt (▶ **KOSTEN- UND LEISTUNGSRECHNUNG,** 9. Aufl. 2012, Abschnitt 4.2). Diese Beurteilung ist eine ex-post-Betrachtung.

2. Um auf die schnellen Veränderungen in der Umwelt zu reagieren, muss ein Frühwarnsystem in Form des **Marketing-Audit** hinzukommen. Hier werden die Entstehung und der Verlauf von Marketingmaßnahmen überprüft. Dabei kann unterteilt werden in *Prämissen-Audit, Ziel-* und *Strategie-Audit, Maßnahmen-Audit* sowie *Prozess-* und *Organisations-Audit.*

Weiter können jährliche Plankontrolle, Rentabilitätskontrolle, Effizienzkontrolle und strategisches Controlling unterschieden werden (▶ Abbildung 34). Plan- und Rentabilitätskontrolle sind eher dem ergebnisorientierten Marketing-Controlling zuzuordnen, Effizienz- und strategisches Controlling eher dem Marketing-Audit.

1. Bei der **jährlichen Plankontrolle** wird die Unternehmenspolitik anhand des Jahresplans überprüft. Zu Jahresanfang werden unter Leitung des Top-Managements die Unternehmensziele für das Jahr entwickelt und dann auf den einzelnen Ebenen der Organisation konkretisiert. Als Ansatzpunkte bieten sich Marktanteil, Kosten und Erlöse, Kundeneinstellungen und Umsätze an. Am Jahresende wird untersucht, ob die Planvorgaben erreicht wurden und warum sich gegebenenfalls Abweichungen ergeben haben. Abweichungen können sich aus verschiedenen Gründen ergeben:

* Der Plan könnte unrealistisch gewesen sein. Dann liegt meistens ein Fehler des Top-Managements vor, welcher intern nur schwer zu beheben ist.

* Es könnten sich unvorhergesehene externe Entwicklungen ergeben haben. **Beispiele:** Die Ölkrisen 1973 und 1979, die Finanzkrise seit 2007 oder die Staatsschuldenkrise im Euroraum seit 2009. Dann muss unter Umständen die Unternehmensstrategie angepasst werden.

* Es könnten Leistungsprobleme in einzelnen Unternehmensbereichen vorliegen. Dann muss ggf. mit organisatorischen Maßnahmen reagiert werden.

2. Bei der **Rentabilitätskontrolle** werden die Deckungsbeiträge verschiedener Produkte, Gebiete, Kundengruppen, Absatzkanälen oder Losgrößen analysiert. Die Rentabilitätskontrolle bietet sich besonders für die Produktprogramm- oder Sortimentsplanung an (▶ S. 37 ff.).

3. Bei der **Effizienzkontrolle** wird die Effizienz von Werbemaßnahmen, Verkaufsförderungsmaßnahmen, Distributions- oder Vertriebskanälen analysiert.

4. Beim **strategischen Controlling** wird schließlich untersucht, ob das Unternehmen die besten Strategien und Verfahren im Hinblick auf Kunden, Märkte und Produkte verfolgt. Hierzu müssen nicht nur die unternehmensinternen Stärken und Schwächen, sondern auch die Chancen und Risiken im Unternehmensumfeld analysiert werden (▶ S. 28 f.).

Controlling-Art	Verantwortung	Zweck	Instrumente
Jährliche Plankontrolle	• Top Management • Middle Management	• Untersuchung, ob Planvorgaben erreicht wurden • Abweichungsanalyse	• Verkaufsanalyse • Marktanteilsanalyse • Erlös- und Kostenanalyse • Analyse der Kundeneinstellungen
Rentabilitätskontrolle	• Marketing-Steuerung	• Untersuchung, ob und mit welchen Produkten das Unternehmen Geld verdient (verliert)	Deckungsbeitragsanalyse: • Kundengruppen • Produkte • Gebiete • Vertriebsmitarbeiter • Absatzkanäle • Losgrößen
Effizienzkontrolle	• Marketing-Steuerung • Linienverantwortlicher	• Beurteilung und Verbesserung von Marketing-Prozessen	• Vertrieb • Anzeigenwerbung • Verkaufsförderung • Distribution • Kundendienst
strategisches Controlling	• Top Management • Marketing Auditor (oft extern)	• Analyse, ob das Unternehmen die besten Strategien im Hinblick auf Kunden, Märkte und Produkte verfolgt	Analyse von: • Chancen / Risiken • Stärken / Schwächen

Abbildung 34. Ansatzpunkte für das Marketing-Controlling

Das Marketing-Controlling kann entweder von unternehmensinternen Stellen, z. B. der Controlling- oder Strategieabteilung, oder unternehmensexternen Stellen, z. B. einer Unternehmensberatung, durchgeführt werden.

• Die **interne Prüfung** hat den Vorteil, dass die Prüfer ihr Unternehmen kennen. Die Kommunikationswege sind kürzer, und die Kosten können geringer sein. Interne Prüfer können aber zum Objekt unternehmensinterner Interessenkonflikte werden.

• Für eine **externe Prüfung** sprechen ebenfalls eine Reihe von Faktoren: Die Ergebnisse werden mehr Objektivität reflektieren, wenn der externe Prüfer unabhängig ist. Angehörige des Unternehmens weisen oft eine gewisse „Betriebsblindheit" auf, welche Außenstehende normalerweise nicht haben sollten. Beratungsgesellschaften verfügen über umfangreiche Erfahrungen in der Durchführung von Controlling-Programmen, sowie methodisches Fachwissen. Zeitliche und personelle Kapazitätsengpässe können durch den Einsatz von Externen überwunden werden. Schließlich kann gerade ein guter Berater Widerstände und festgefahrene Kommunikationswege im Unternehmen wieder öffnen und neue Perspektiven aufzeigen.

7 Übungsaufgaben

7.1 Aufgaben

1. Was sind die drei Ebenen des Marketing-Management-Prozesses?

2. Worin unterscheiden sich die volkswirtschaftliche und die betriebswirtschaftliche Analyse von Märkten?

3. Welche beiden Markttypen des klassischen Marktformenschemas treten in der Realität am häufigsten auf?

4. Wodurch unterscheiden sich Convenience goods, Shopping goods und Specialty goods?

5. Wodurch unterscheiden sich Investitionsgütermärkte von Konsumgütermärkten?

6. Welches sind die Phasen des Produktlebenszyklus und wie entwickeln sich Umsatz und Gewinne im Verlauf des Zyklus?

7. Welche Arten der Diversifikation gibt es und wodurch unterscheiden sie sich?

8. Welche fünf Faktoren bestimmen nach PORTER das Gewinnpotential eines Unternehmens?

9. Was sind die Voraussetzungen für eine erfolgreiche Marktsegmentierung?

10. Welches sind die vier Elemente des Marketing-Mix?

11. Warum wird die Markenpolitik zunehmend wichtiger?

12. Fallstudie zur Produktpositionierung: 1988 übernahm die RHEINISCH-WESTFÄLISCHE ELEKTRIZITÄTSWERK AG (RWE) das Tankstellennetz der DEUTSCHEN TEXACO AG für einen Kaufpreis von mehr als 2 Milliarden Dollar. Im Mineralölsegment hatte RWE bereits eine Raffinerie in Wesseling (UNION RHEINISCHE BRAUNKOHLEN KRAFTSTOFF AG) sowie einen mittelständischen Brennstoffhandel (RHEINBRAUN VERTRIEBSGESELLSCHAFT). Der Marktanteil des Konzerns an der Rohölverarbeitung in der Bundesrepublik betrug 15 %; mit ungefähr 1.800 Tankstellen hatte man von TEXACO das zweitgrößte Tankstellennetz der Bundesrepublik übernommen.

Die Übernahme wurde von RWE als eine Chance gesehen, dem Mineralölsegment innerhalb des Konzerns eine neue Identität zu geben, und zwar sowohl im Hinblick auf die Positionierung im Markt als auch im Hinblick auf die Führungs- und Organisationsentwicklung im Unternehmen. Es musste anstelle der bekannten TEXACO eine neue Marke gefunden und positioniert werden. Dazu wurde vom Management vor allem die Erkenntnis genutzt, dass alle Tankstellen Benzin mit gleicher Qualität und ungefähr gleichem Preisniveau verkaufen.

a) Welchen strategischen Schlüsselfaktor könnte RWE für die Endverbraucher (Autofahrer) hervorheben?

b) Was sollte man beim Markennamen beachten und wie könnte der dementsprechende Markenname aussehen?

c) Welche Marketing- und Kommunikations-Ziele sollte sich das Unternehmen setzen?

d) Wie könnte die Umsetzung eines Konzeptes zur Erreichung der Ziele in c) aussehen, welches sich auf die in a) identifizierten Schlüsselfaktoren stützt? Wie könnte insbesondere die Kommunikationspolitik sowie die Produktpolitik (mehr Service) aussehen?

13. Fallstudie zur Preispolitik: Im zusammenwachsenden europäischen Binnenmarkt nimmt durch den freien Warenverkehr der grenzüberschreitende Wettbewerb zu. Dennoch existieren in Europa noch erhebliche Preisunterschiede zwischen Hochpreisländern und Niedrigpreisländern. Insbesondere Großhändler versuchen, sich diese Preisunterschiede zunutze zu machen und fordern den europaweit niedrigsten Preis für alle Länder – ein Alptraum für viele Hersteller.

Ein deutsches Unternehmen vertreibt ein bestimmtes agrochemisches Produkt über Großhändler in Deutschland und Belgien, wobei das Produkt in Belgien um mehr als die Hälfte billiger angeboten wird. 80 % des Umsatzes werden in Deutschland gemacht. Hier ist in den nächsten Jahren keine ernsthafte Konkurrenz zu erwarten. Das Unternehmen befürchtet aber, dass alle Großhändler bald das belgische Preisniveau fordern werden. Was sollte das Management unternehmen?

14. Welche Funktionen erfüllen die Zwischenglieder in einer Distributionskette?

15. Fallstudie zur Kanalgestaltung: In den 1980er Jahren ist ADIG eine Fondsgesellschaft, welche Anlageprodukte entwickelt. Dies sind vor allem Investmentfonds, bei denen Fondsmanager Wertpapierpakete verwalten. Der private Anleger erwirbt einen Fondsanteil und damit einen Anteil an der Wertsteigerung und dem Dividenden- oder Zinsertrag der Wertpapierpakete. ADIG ist der Marktführer im deutschen Investmentfonds-Geschäft, welches seinerzeit im internationalen Vergleich als „langweilig" und wenig innovativ galt und den Investoren relativ geringe Renditen bescherte. Zielgruppe waren vor allem kleine und mittlere Anleger mit einer geringen bis mittleren Risikobereitschaft, die eine Alternative zum festverzinslichen Wertpapier oder zum eigenen Aktienbesitz suchten. Neben den Investmentfonds der Banken existierten kaum Alternativen für deutsche Kleinanleger. In den frühen 1990er Jahren traten jedoch zunehmend Wettbewerber auf. Neue Vertriebsformen (z.B. Direktvertrieb) wurden entwickelt. Ausländische Wettbewerber, Discount-Broker und Produktinnovationen sorgten für Dynamik. 1995 wurden in Deutschland bereits ca. 1.700 Fonds angeboten.

a) ADIG beschäftigt vor allem Fondsspezialisten und einen Kundenservice, welcher wiederum die Kundenberater der Banken berät. Die Geschäftsführung macht sich Gedanken darüber, wie sie die Position der ADIG in einer schwierigen Zukunft sichern und Marktanteile gewinnen kann. Insbesondere denkt sie darüber nach, welche neuen Vertriebswege sie für ihre Produkte erschließen kann. 90 % der ADIG-Produkte werden derzeit durch die Kundenberater der Banken vertrieben. Im Jahr 2000 sollen hingegen 50 % der ADIG-Produkte über neue Wege vertrieben werden. Vier Alternativen stehen zur Disposition. Wie sind diese Alternativen zu beurteilen?

Alternative 1: Aufbau eines Vertreter- und Filialnetzes

Alternative 2: Zusammenarbeit mit Lebensversicherungsgesellschaften

Alternative 3: Aufbau eines Telefonmarketing

Alternative 4: Aufbau eines Direktmarketing über Radio- und Fernsehwerbung

b) Welche flankierenden Maßnahmen sollte die Geschäftsführung erwägen, wenn sie die im Lösungsteil empfohlene Methode wählt?

16. Welches sind die vier Elemente der Kommunikationspolitik?

17. Fallstudie zum Marketing-Mix: Auf dem Waschmittelmarkt sind in vielen Ländern die Unternehmen PROCTER & GAMBLE (ARIEL) und UNILEVER führend. UNILEVER hat in England die Markenrechte am Waschmittel PERSIL (in Deutschland: HENKEL). PROCTER & GAMBLE und UNILEVER investieren traditionell hohe Summen in die Werbung und verkaufen hochpreisige Produkte mit einem hohen Image. In England ereignete sich zwischen beiden Unternehmen ein „Markenkrieg." PROCTER & GAMBLE hatte 1990 einen Marktanteil von 51,2 %, UNILEVER einen Anteil von 34,6 %. UNILEVER entschloss sich, ein weiteres Produkt zu lancieren (PERSIL POWER). Damit erhöhte UNILEVER zunächst seinen Marktanteil. Weil PROCTER & GAMBLE befürchtete, seine führende Marktposition zu verlieren, lancierte das Unternehmen eine großangelegte Werbekampagne, bei der auch reichlich Negativwerbung (welche in England erlaubt ist) betrieben wurde. Außerdem warf es weitere Marken auf den Markt. UNILEVER wiederum reagierte mit zwei neuen Produkten (RADION MICRO ACTIVE und SUPERCONCENTRATED SURF). 1994 hatten beide Unternehmen trotz des hohen Werbe-. und Produktaufwandes Markenanteile verloren. PROCTER & GAMBLE hatte nur noch einem Markenanteil von 50,9 %, UNILEVER einen Anteil von 32,1 %. Stattdessen hatten der Marktanteil von Handelsmarken (▶ S. 40) von 7,8 % auf 11,6 % zugelegt.

a) Wie erklären Sie sich dieses Ergebnis?

b) Was hätte PROCTER & GAMBLE unternehmen können?

18. Worin bestehen die Gemeinsamkeiten von „Just-in-time", „Lean management", „Total quality management" und „Business reengineering" und was haben diese Konzepte mit dem modernen Marketing-Konzept zu tun?

19. Definieren Sie die Begriffe „relevanter Markt", „Marktpotential", „Marktvolumen", „Absatzvolumen" „Absatzpotential" und „Marktanteil".

20. Für Deutschland kündigte PROCTER & GAMBLE 1995 eine Strategie an, welche sich radikal vom Preis- und Markenkrieg in England unterschied. Das Rabattsystem sollte einfacher und durchsichtiger gestaltet werden. Abschläge sollten vor allem gewährt werden, wenn die Handelsketten gewisse logistische Leistungen übernähmen (z. B. ein bestimmter Rabattbetrag je kompletter LKW-Ladung). Ein Reengineering der logistischen Prozesse sollte dazu beitragen, die Kosten und die Endverbraucherpreise deutlich zu senken und damit dem Endverbraucher „Value for money" zu bieten. Welche Überlegungen könnte das Management angestellt haben?

7.2 Lösungshinweise

1. Unternehmensziel, Unternehmensstrategie und operative Gestaltung des Marketing-Mix (▶ S. 9).

2. In der betriebswirtschaftlichen Marktanalyse ist der Preis nur *einer* von vielen Faktoren: Auch z. B. Produktqualität, Marktphase und psychologische Faktoren werden betrachtet (▶ S. 10).

3. Monopolistische Konkurrenz und Oligopol (▶ S. 11 f.).

4. Für Specialty goods ist eine aufwendige Kaufentscheidung notwendig, für Convenience goods dagegen nicht. Shopping goods nehmen eine mittlere Position ein (▶ S. 15 f.).

5. Weniger Käufer, größere Käufer, geographische Konzentration der Unternehmen, abgeleitete Nachfrage, Beschleunigungsprinzip, unelastische Nachfrage und professionelle Kaufentscheidungen (▶ S. 18).

6. Einführungsphase, Wachstumsphase, Reifephase, Niedergangsphase und evtl. Relaunchphase. ▶ im einzelnen S. 22 f.

7. Horizontale, vertikale und laterale Diversifikation (▶ S. 27).

8. Die fünf Wettbewerbskräfte nach PORTER lauten: Wettbewerber, Kunden, Lieferanten, Ersatzprodukte und Markteintrittsbarrieren. ▶ S. 28 ff.

9. Es gibt fünf Voraussetzungen: relevante Produkteigenschaften bekannt, Messbarkeit, Zugänglichkeit, kritische Mindestgröße eines Segments wird erreicht, ausreichende Ressourcen für die Durchführung einer Segmentierungsstrategie (▶ S. 34).

10. Produkt-, Entgelt-, Distributions- und Kommunikationspolitik (▶ S. 36)

11. Marken haben Vorteile: Bestellungen lassen sich leichter abwickeln. Geschützte Markennamen können nicht kopiert werden und verleihen dem Produkt Individualität. Markennamen können Kundenloyalität bewirken. Das Produkt kann besser positioniert werden. ▶ S. 39.

12. a) An Tankstellen wird nicht überwiegend Benzin verkauft, sondern *Mobilität*. Damit spielt auch der Service eine entscheidende Rolle. Der Autofahrer will freundlich und kompetent bedient und beraten werden, ein gewisses Sortiment an Bequemlichkeitsgütern vorfinden sowie möglichst geringe Wartezeiten in Kauf nehmen. Bei RWE entschloss man sich daher, in Kundenfreundlichkeit und persönlichem Service den Schlüsselfaktor für die Markenpositionierung zu sehen.

b) Die neue Bildmarke sollte die angestrebte Markenpositionierung unterstützen. Sie sollte international einsetzbar sein, damit vorhandene Expansionsmöglichkeiten genutzt werden können. Sie sollte unverwechselbar, eigenständig, gut zu erkennen und einfach sein. Sie sollte zeitlos sein und ohne modischen „Schnickschnack" auskommen, weil man mit dem zweitgrößten Tankstellennetz alle Verbraucher ansprechen musste. Man entschied sich für ein Gesicht, symbolisierte Sonnenstrahlen und den Namen DEA.

c) Für DEA wurden folgende Ziele definiert. Kurzfristiges Marketing-Ziel: Halten der guten Marktposition der TEXACO AG. Langfristiges Marketing-Ziel: Ausbau der Position und Nutzung neuer Potentiale. Kommunikations-Ziele: Feste Etablierung der neuen Marke als Top-Marke. Schnelle und konsequente Überleitung von der alten Marke TEXACO zur neuen Marke DEA, ohne die Herkunft der Marke zu verleugnen. Transfer des Vertrauenspotentials von der alten auf die neue Marke. Schnelle Erreichung eines hohen Bekanntheitsgrades. Aufbau eines eigenständigen Markenprofils mit hoher Produktqualität und Schwerpunkt bei Servicebereitschaft, Kundenorientierung und Sympathie im Sinne einer freundlichen Unternehmenshaltung.

d) Der Servicegedanke sollte klar mit dem Namen DEA verbunden werden („Hier tanken Sie auf"). Der Werbeaufwand muss am Anfang sehr beträchtlich sein, damit DEA möglichst schnell den Bekanntheitsgrad der anderen Marken erreicht. Gleichzeitig muss der neue Gedanke im Unternehmen verankert werden. Es würde der Marke DEA auf Dauer wenig nutzen, wenn Anspruch und Realität weit auseinanderklaffen würden. Hier müssen die Mitarbeiter möglichst rasch motiviert und geschult werden. (Dies geschah durch Motivations-, Trainings-, und innerbetriebliche PR-Programme.) Gleichzeitig wurden neue Dienstleistungen eingeführt. Schließlich wurde auch ein umfassendes Qualitätssicherungssystem eingerichtet (▶ S. 20 f.).

Anmerkung: 2004 gab RWE das Tankstellennetz auf; die meisten DEA-Tankstellen wurden in SHELL-Tankstellen umgeflaggt.

13. Das Unternehmen entschloss sich kurzerhand, die Preise in Belgien drastisch zu erhöhen und dem deutschen Niveau anzugleichen. Dieser Schritt beinhaltet zwar das Risiko des Verlustes des belgischen Marktes, aber selbst der völlige Verlust des belgischen Marktes würde dem Unternehmen erheblich weniger schaden als ein starker Preisrückgang in Deutschland.

14. Promotion, Kontaktanbahnung, Marktforschung, Selektion, Verhandlung, Finanzierung und Risikoübernahme (► S. 44 f.).

15. a) Bewertung der Alternativen:

Alternative 1: Der Aufbau eines eigenen Vertreter- und Filialnetzes dürfte sich als zu kostspielig für ADIG erweisen. Gerade weil ADIG bereits Marktführer ist, müsste man ein flächendeckendes Netz für die ganze Bundesrepublik aufbauen, um wesentliche Marktanteile hinzugewinnen zu können. Dies würde aber die Ressourcen des Unternehmens deutlich überschreiten und in keinem Verhältnis zum erwarteten Mehrertrag stehen. Hinzu kommt, dass ADIG bislang keinerlei Erfahrungen mit dem „Endverbraucher" hatte, weil die Kundendienstabteilung vor allem mit anderen Banken in Kontakt trat.

Alternative 2: Die Zusammenarbeit mit Lebensversicherungsgesellschaften erscheint vielversprechend. Die Lebensversicherungsgesellschaften haben bereits flächendeckende Vertreternetze, ihre Vertreter sind speziell für den direkten Umgang mit dem „Endverbraucher" geschult und unternehmen normalerweise auch größere Verkaufsanstrengungen als der klassische Bankenkundenberater. Hinzu kommt, dass die Klienten der Lebensversicherungsgesellschaften eine Zielgruppe für die konservativeren ADIG-PRODUKTE darstellen. Die Lebensversicherungsgesellschaften könnten ihrerseits ein Interesse an der Zusammenarbeit mit ADIG haben, weil das Produkt „Lebensversicherung" die Reifephase erreicht hat.

Alternative 3: Der Aufbau eines Telefonmarketings könnte eine interessante Ergänzung der ADIG-Strategie sein. Hierzu müsste man lediglich eine ausgewiesene Führungskraft aus dem Telefonmarketing anwerben, welche ihrerseits die Telefonverkäufer schult und ein Konzept entwickelt. Allerdings muss ADIG bei dieser Strategie aufpassen, nicht das seriöse Image des Unternehmens zu verspielen, da im Telefonmarketing oft raue Methoden angewandt werden.

Alternative 4: Der Aufbau eines Direktmarketing über Radio- und Fernsehwerbung ist ebenfalls eine interessante Ergänzung der ADIG-Strategie. Hier werden Radio- oder Fernsehspots mit dem Ziel geschaltet, dass der Kunde sich telefonisch direkt an ADIG-Berater wendet. Die Investitionen wären hier höher als beim Telefonmarketing, da hohe Werbekosten entstehen. ADIG könnte aber zunächst auf Testmärkten beginnen. Allerdings ist zu berücksichtigen, dass diese Form des Marketings bei der eher konservativeren ADIG-Klientel auf Akzeptanzprobleme stoßen könnte.

Empfehlung: ADIG sollte sich für Alternative 2, ggf. ergänzt um Alternative 4, entscheiden.

b) Für das neue Konzept sollten die Mitarbeiter des Kundendienstes umgeschult werden und eine stärkere Verkaufsorientierung erhalten. Bislang haben Sie vor allem Produktinformationen an Banken vermittelt, jetzt müssen Sie auch in der Lage sein, den Lebensversicherungsvertretern klar zu machen, warum der Kunde ADIG-FONDS kaufen soll. Eine Erhöhung des Werbebudgets zur Erschließung neuer Märkte außerhalb der Banken erscheint ebenfalls sinnvoll. ADIG sollte auch eine intensive PR betreiben (Fachpresse, Fachmessen).

Anmerkung: 1999 erwarb die Commerzbank die Mehrheit an der ADIG. 2002 wurde sie auf die COMINVEST, eine 100%ige Tochter der Commerzbank, verschmolzen. Die COMINVEST wurde wiederum 2009 von der ALLIANZ übernommen.

16. Werbung, persönlicher Verkauf, Verkaufsförderung und Publizität (▶ S. 47).

17. a) PERSIL und ARIEL sind beides hochpreisige Produkte, welche von ihrem Image als Qualitätsführer leben (ARIEL: „nicht nur sauber, sondern rein"). Die vergleichenden Werbeschlachten haben beiden geschadet. 42 % der Personen, welche die Werbekampagne miterlebten, glaubten nachher keinem der beiden Unternehmen mehr.

b) PROCTER & GAMBLE hätte sich aus der Position des Marktführers heraus entschließen können, die Attacke von Unilever „auszusitzen". Dies hätte zwar ebenfalls gravierende Risiken beinhaltet, hätte aber die Ressourcen des Unternehmens geschont. PROCTER & GAMBLE hätte abwarten können, bis sich die Resultate der UNILEVER-Attacke abzeichnen würden. Damit hätte man Kosten gespart, wenn sich der Angriff als ineffektiv herausstellen würde, oder zum Gegenangriff übergehen können, wenn UNILEVER seine Ressourcen erschöpft hätte.

18. Alle diese Konzepte fordern, die Prozesse im Unternehmen konsequent an der Wertschöpfungskette und damit am Kundennutzen zu orientieren. Die vom modernen Marketing-Konzept geforderte Ausrichtung auf Kunden und Märkte verfolgt ein ähnliches Ziel (▶ S. 58).

19. ▶ S. 50

20. Das Management könnte aus den Erfahrungen in England gefolgert haben, dass sich ein Marken- und Werbekrieg nicht lohnt. Marktstudien könnten ergeben haben, dass der Markt für Produkte wie PAMPERS, MEISTER PROPER und ARIEL in die Reifephase eingetreten ist, in welchen eine *Differenzierungsstrategie* sehr schwierig ist und dass vor allem Preis und Logistik zu *strategischen Erfolgsfaktoren* geworden sind. Das Management hatte in den USA auch die Erfahrung gemacht, dass wegen ständiger Verkaufsförderungsmaßnahmen die Glaubwürdigkeit der Produkte gelitten hatte. Wenn keine Verkaufsförderungsmaßnahmen stattfanden, sank der Absatz. Dem entgegnete man mit einer allgemeinen Rationalisierung und Preissenkung.